ENCYCLOPÉDIE

La
PUDEUR

l'Art et la Vie

...académiques

PRÉFACE
de
William BOUGUEREAU
de l'Institut

ÉDITION
D'ART
A. MÉRICANT
Paris

La Pudeur
dans l'Art et la Vie

EMILE BAYARD

La Pudeur
dans l'Art et la Vie

Orné de 32 Etudes académiques

D'après les clichés de la Maison Eug. Pirou (Rue Royale)

PRÉFACE

DE

WILLIAM BOUGUEREAU

de l'Institut

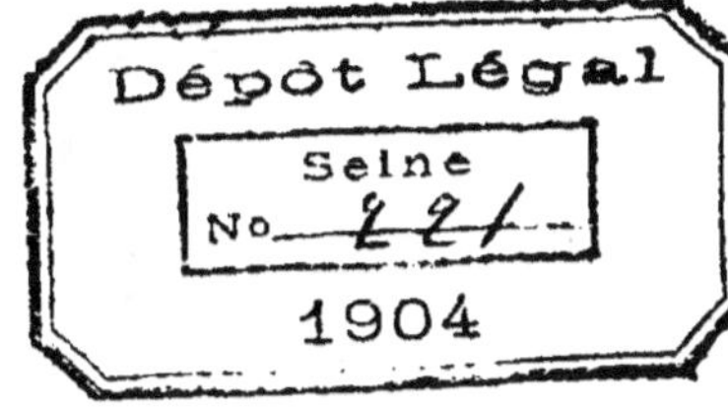

PARIS

ALBERT MÉRICANT, ÉDITEUR

I, RUE DU PONT-DE-LODI, I

PRÉFACE

*Je vous loue bien volontiers, mon cher
Emile, d'avoir écrit un volume sur un geste,
d'autant que le geste, de Pudeur, plutôt symbolique, fut saisi par vos soins avec un mérite délicat, j'allais écrire... pudique.*

*Ainsi donc, je vous sais gré d'abord, d'avoir
bravé la monotonie d'un geste qui ne varie
guère pourtant depuis celui de notre mère
Eve, ensuite vous avez travaillé votre sujet et
vous savez combien j'estime l'effort du travail.*

*Si parfois je ne fus pas d'accord ici, avec la
fantaisie de votre plume, je dus reconnaître
l'ingéniosité de votre documentation, de la
sorte vous n'avez pas tout à fait tort, à*

mon avis, et je m'incline une fois encore devant votre labeur.

Je pense, en résumé, que vous avez déve-
loppé avec une verve intéressante cette vertu
distinguée qui est ce que le parfum est à la
fleur et il ne me reste plus, mon cher Emile,
qu'à vous souhaiter affectueusement le bon
succès que mérite votre œuvre érudite, sérieusement conçue, où vos lecteurs, tant artistes que gens du monde, trouveront un précieux renseignement de grâce, pour leur
propre pudeur.

William BOUGUEREAU,
de l'Institut.

Paris, ce 25 juillet 1903.

La Pudeur
dans l'Art et la Vie

I

DE LA PUDEUR

La pudeur exquise sonne l'alarme de l'amour; elle rougit le front et jette l'émoi au cœur; c'est les sens attendris qu'elle veut dire.

L'hypocrisie des charmes voilés, fleure un parfum de viol ; fort heureusement, la Pudeur veille.

Elle chante, cette Pudeur, des trésors dont la flatterie empourpre le masque, derrière lequel, embusqués, tressaillent les sentiments de l'âme.

Au surplus, la Pudeur verse dans la Mode, davantage instinctive pourtant que le résultat d'une éducation, elle date de l'ère du vêtement, du charme de l'obstacle à la convoitise des sexes, précédée en sa défense et son attraction charnelles, par l'ingéniosité naturelle des membres à cacher la nudité.

Le « mur derrière lequel il se passe quelque chose » dut, toujours, attiser le regard, nous lui devons une retenue de bon ton et une délicatesse où notre propre imagination s'aiguise.

L'éveil de la Pudeur point à l'aurore du sexe, la puberté rosit les fronts, le corps tressaille lorsqu'il est en fleurs prêtes à être cueillies, il cache son parfum de chair.

Les artistes, de tous temps, vinrent respirer à cette gerbe embaumée du désir refréné, endormi au sein des corolles liliales : l'Innocence, la Candeur, l'Ingénuité, la Vertu, l'Amour et son aveu, le baiser chaste, mêlèrent leur haleine de volupté qui se refuse et, les artistes fixèrent le geste divin, leurs doigts

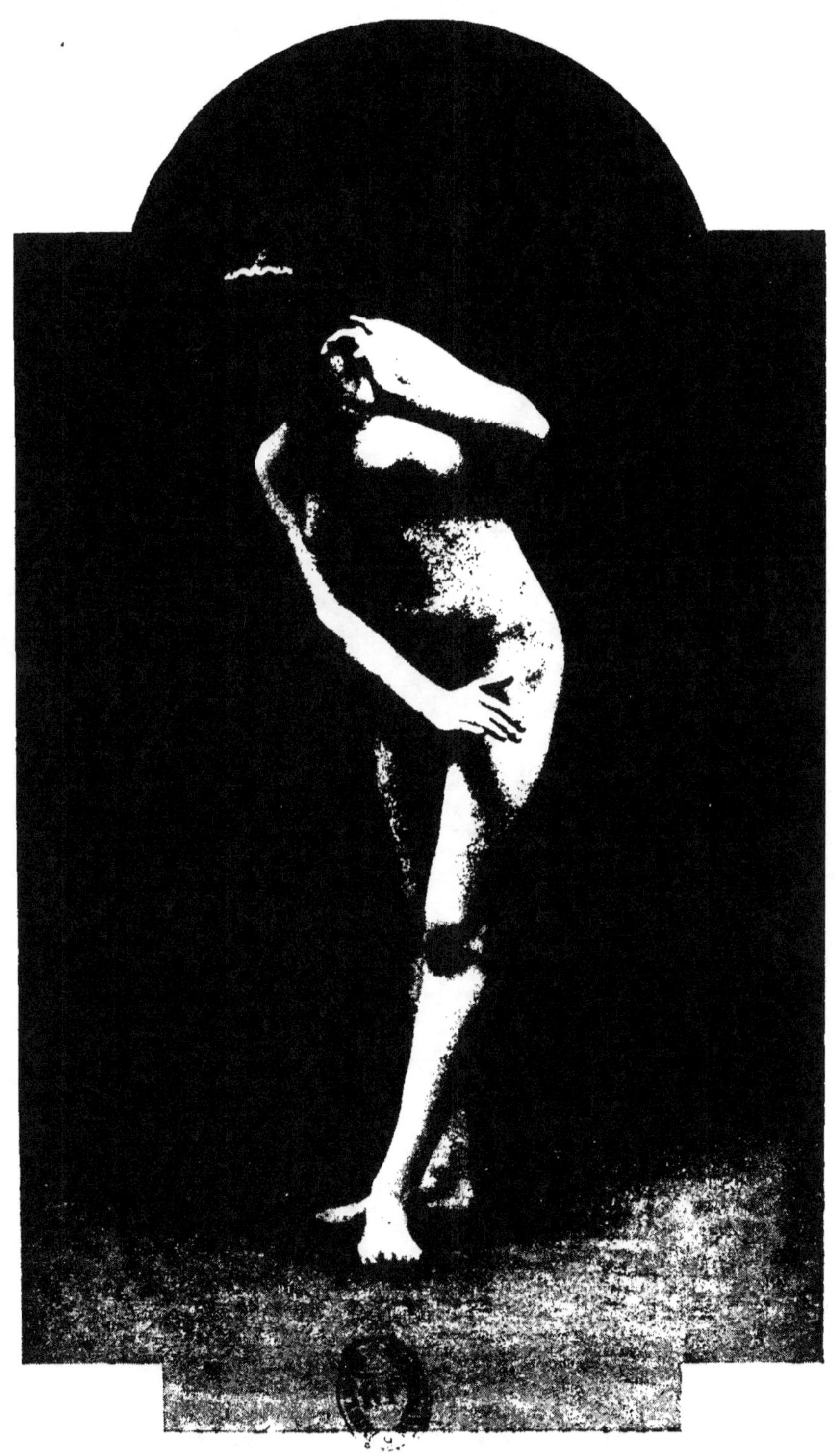

La pudeur exquise sonne l'alarme de l'amour...

gardant seulement comme un peu de poussière d'or, au contact des ailes d'un papillon idéal.

A côté de l'Emoi — si proche du Désir — nous vîmes, dans la représentation par l'Art, la suave hypocrisie des voiles tombés à point, ou voilés si peu, qu'ils semblèrent davantage un cadre d'où ressortait la sensualité aiguë de l'intention sournoise.

Faute de pouvoir cueillir la fleur de Volupté et puis aussi, pour prolonger par le désir la jouissance trop courte, à l'entour de cette volupté, spirituellement, comme des abeilles qui, grises de parfum, dissimuleraient sournoisement leur dard, vautrant leur corselet dans le pollen d'or des calices, lés artistes butinèrent un miel aphrodisiaque dont on se délecta en cachette de l'âme.

Est-il plus étrange surprise, et plus insipide contenance que celles observées chez les hommes qui se rencontrent en un mauvais lieu ?

Ils se défendent à l'unisson du pareil sentiment caché qui les réunit, leur impudeur trahie les gêne, ils en cherchent l'excuse, les voici en quête d'un fard que leur cache malicieusement l'animal qui ne dort que d'un œil au fond de notre être, et c'est à qui tuera cet animal, visible seulement chez le voisin...

Il ne peut être, en somme, question de pudeur chez des individus qui s'assemblent précisément pour se livrer à des actes impudiques.

Il n'y a pas de pudeur absolument intrinsèque.

La Pudeur, sommes toutes, est un fonds commun de concession aux sens raisonnés, tus, une salle d'attente des débordements impérieux qui annoncent par une flamme au visage — leur incendie !

Si le vice laisse comme un ulcère en la chair, selon Montaigne, une repentance en l'âme qui toujours s'égratigne et s'ensanglante elle-même, on peut dire que la Pudeur et ses suaves dérivés, sont le prurit des ardeurs cachées envisagées avec effroi, une alternative de désir et de honte de ce vice, qui est le contraire seulement, de la vertu.

Et, la Vertu selon Diderot c'est, sous quelque face qu'on la considère, un sacrifice de soi-même qui résulte d'une disposition préconçue à s'immoler en réalité.

Voici, n'est-il pas vrai, une définition piquante de la Pudeur?

Luther disait que le péché est comme la barbe qui repousse toujours et qu'il faut toujours couper, mais n'est-ce pas l'attirance du péché qui rend si vivace le péché lui-même?

La Pudeur, ou davantage encore ses hypocrisies, telles que la Minauderie, ne sont-elles point l'excitant d'où vient tout le mal? Que dire de la niaiserie de certaines candeurs et autres innocences savantes engendrées par la bégueulerie!

Outre que l'idée ne vient pas, de violer un corps qui se donne, les fruits dérobés à l'assaut d'un mur, ont une saveur particulièrement délicieuse et, mieux est d'observer une retenue invisible qui ne serve point d'amorce au désir.

La Pudeur, d'autre part, sied spécialement à la Beauté, toujours à cause de l'amour objectif plus à l'aise en un joli corps, si grotesque en l'écrin disgracieux, autrement la Pudeur semblerait un attentat au regard qui se détourne, une provocation même à la perversité.

La modestie est à la vertu ce qu'un voile est à la beauté : elle en fait ressortir l'éclat.

La pudeur chez une créature laide serait plutôt de l'immodestie.

Il n'y a pas de plus puissant antidote contre la basse sensualité que l'adoration de la beauté.

La partie la plus élevée des arts du dessin est essentiellement chaste, quel qu'en soit l'objet ; elle purifie les pensées comme la tragédie, suivant Aristote, purifie les passions.

Les effets contraires sont rares et exceptionnels, il est vrai qu'il y a des âmes pour lesquelles une vestale ne serait pas une sainte, mais la niaiserie, cette altération du rire, rampe, tandis que plane l'Idée superbe !

Pour cette raison, il est à remarquer que souvent les gestes même les plus hardis, peuvent se faire excuser par une pudeur digne, le contraste de l'apparence voluptueuse avec la chasteté du rendu est piquant.

Exemple la danseuse de style, qui nous ravit au delà du désir amoureux, puisqu'elle exécute ses voltes avec une parfaite chasteté, malgré l'aguichement de ses jambes moulées dans le maillot de soie, malgré l'ombre mystérieuse du tulle où se perd le ressort des cuisses séductrices.

Au reste, il est aussi aisé à un corps vêtu qu'à un corps nu de paraître indécent, suivant l'attitude ou la mauvaise pensée.

La correction des mouvements guidée par l'intention de bienséance se présente irréprochable ; mais une pose équivoque, un sourire ambigu invitent à l'érotisme.

Même, la difficulté de chasteté est plus grande encore à une personne habillée qu'à une personne nue, surtout lorsque cet « habillé » montre en réalité un ingénieux déshabillé suggestif.

D'autre part, nous pensons en regardant telle femme habillée, par exemple, à un sexe dont nous convoitons la réalité tandis que, aussitôt nue, nous verrons à travers notre imagination cette même créature idéale : une Diane, une Vénus !

Ainsi donc, la luxure des formes étalées, parées, peut inspirer noblement, au delà du geste provocateur, si l'on y lit en grands caractères un charme de décence artistique, un art pur.

Goûterez-vous même délicatesse en présence d'une vulgaire « chahuteuse » ?

Mieux vaut encore discerner une fleur d'innocence imprévue au milieu d'une attitude capiteuse, que de se laisser prendre à telle fausse pudeur, au visage candide de telle bacchante entre autres découvrant en bonne place, son corps nu, sous le prétexte angélique de le couvrir !

* *** *

La Pudeur fut une divinité des Grecs et des Romains. Suivant Hésiode la Pudeur quitte la terre avec Némésis indignée des vices et de la corruption des hommes. Icarius fit dresser un autel à cette vertu à l'endroit où il se sépara de sa fille Pénélope qu'il aimait, et qui, pour toute réponse à ses instances, quand il la pressait de le suivre, s'était couverte de son voile.

On voit à Naples une statue d'Antoine Corradini, qui représente la Pudeur. Elle est enveloppée dans un voile depuis la tête jusqu'aux pieds, et, quoiqu'il soit du même bloc, on voit la figure au travers du marbre, qui est assez fin pour en exprimer tout le nu. Les grâces de la physionomie y paraissent comme si on les voyait à découvert. Cet ouvrage est d'autant plus étonnant, que jamais les Grecs ni les Romains n'ont entrepris de voiler en entier le visage de leurs statues, et que l'habileté du sculpteur en a rendu les effets avec une vérité qui surpasse tout ce qu'on en pourrait désirer.

La Pudeur était adorée à Rome sous les deux qualificatifs de Plébéienne et de Patricienne, deux temples avaient été exclusivement réservés aux femmes de chacune de ces classes.

Tite-Live raporte l'histoire de cette distinction : « Virginia, de famille patricienne, épousa un plébéien romain Volumnius, qui devint consul. Les matrones du rang des patriciens la chassèrent du temple, parce qu'elle s'était mésalliée. Elle se plaignit hautement de l'insulte, disant qu'elle était vierge quand son mari l'épousa, qu'ils avaient vécu depuis en gens d'honneur, et qu'il n'y avait aucune raison de l'exclure du temple de la Pudicité. Pour réparer en quelque sorte cette injure, elle bâtit dans la rue Longue, un petit temple à la Pudicité, qu'elle appela Plébéia, où les femmes qui n'étaient point d'ordre sénatorial allaient porter leurs vœux. »

Il appert, au reste, que tout se ramène à la Pudeur féminine.

« Toute femme sans pudeur, a écrit Jean-Jacques Rousseau, est dépravée, elle foule aux pieds un sentiment naturel à son sexe. »

Nous verrons que le charme de la femme, effectivement, est inséparable de cette émotion délicieuse qui la garde de l'ombre d'un doute à l'Amour, pour lequel elle semble exclusivement éclose, tant elle est belle et captivante.

Dès l'origine la femme fuit l'homme, dont le baiser l'effraie et plutôt, tous les baisers qui naissent sur son passage, sur trop de lèvres ; elle voile son corps, car, nue, elle est sans défense. A la gourmandise des sens en éveil elle oppose l'obstacle du vêtement, tandis que

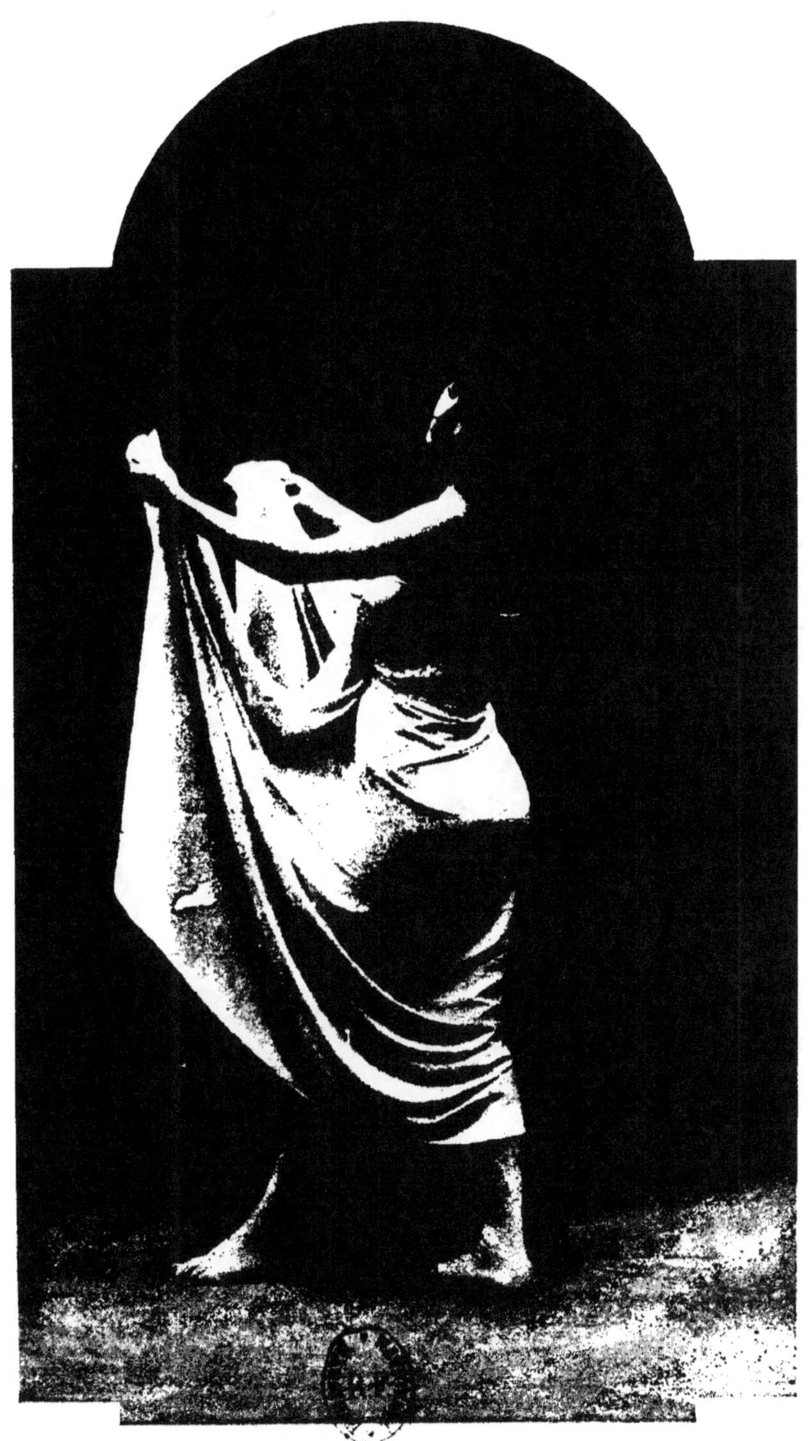

Exemple : La danseuse de style...

le mâle, au contraire, démasque sa virilité dans l'ardeur de sa poursuite énervée.

A cette pudeur du corps, succède chez la femme, la pudeur des sentiments. La voici à l'abri des baisers — un instant — taisant son alarme dans la pénombre d'une caverne où tapie à l'ombre des arbres touffus, elle dissimule ses sentiments : son amour, ses désirs, sa jalousie, ses douleurs et ses joies car, laisser voir ces sentiments ne serait-ce point s'abandonner, s'avouer vaincue ?

Voici maintenant la pudeur des actes : La femme aime, elle a choisi et se donnera dans la solitude seulement à celui qu'elle aime, ses baisers ne seront pas sonores, car ils éveilleraient la convoitise d'autres hommes et le secret de son corps et de son âme auraient ainsi un coupable écho ! D'autre part, la femme dans cette lutte exquise de la vertu, défend les intérêts de l'espèce, elle porte en ses flancs un enfant, non un bâtard, elle soigne en un mot son fruit que dorera le baiser maternel.

A son début, la femme est une proie parce qu'elle est belle, sa pudeur est par là même essentielle, puisqu'elle provoque le désir, la première.

Il est à noter que si nous voilons à l'envi nos sentiments individuels, égoïstes, comme nos joies, nos souffrances, nos vanités, nos ambitions, notre amour, nous n'hésitons pas à crier bien haut, au contraire, nos sentiments d'ordre social ou général : émotions patriotiques, artistiques, scientifiques, etc.

De même que le parfum d'une fleur persiste davantage au fond du calice, l'intimité née du mystère est la source secrète de toutes les délicatesses, rien d'étonnant donc à ce que certaine verve exubérante donne le change parfois au trouble muet de nos propres sentiments.

Mais pour en revenir à la Pudeur, il nous faut apprécier cette émotion à la qualité de l'émotion de l'homme, ressentie en présence du corps nu de la femme. La Pudeur naquit de cette révélation ; l'un la comprit, l'autre l'éprouva, parce que tous les deux pensaient à l'amour.

Gœthe a démêlé un sentiment d'effroi, une crainte singulière, en cette circonstance qui

le mit à même de contempler pour la première
fois une nudité féminine, il parle aussi d'une
certaine excitation sensuelle bientôt tue en
faveur de l'étonnement admiratif. Ici le respect de la beauté semble avoir commandé la
pudeur du grand psychologue, mais il est encore une nuance à cette vertu, que nos lecteurs saisiront aisément dans l'exemple suivant. Il s'agit d'un jeune homme de quinze
ans environ, subitement mis en présence d'une
femme nue chez un artiste où son père, artiste
lui-même, l'a emmené.

Ecoutons le récit que notre ami (un peintre
aujourd'hui célèbre) nous fit, dix ans environ
après l'aventure : « Mon impression à la vue
de cette femme demeure encore extraordinaire à mon esprit, j'éprouvai d'abord le désir très vif d'échapper à l'ardeur de mon instinctive curiosité mais mon père déjà m'observait du coin de l'œil, prêt à rire avec son
ami et le modèle sans doute, de ma gêne.

Ne fallait-il pas, en somme, que tôt ou tard
le futur artiste que j'étais, s'habituât au spectacle de la nature !

Fort heureusement pour moi, un petit

chien, très noir, dormait sur un canapé, je fus le réveiller en hâte et passai tout mon temps à le faire jouer, j'avais enfin trouvé un dérivatif à mon trouble !

Tandis que le petit chien répondait par des jappements à mes tracasseries, je prenais des airs de plus en plus dégagés. J'apercevais bien, à la dérobée, de la chair très rose, des creux et des reliefs adorables, mais tout cela exagérait son rêve dans le brouillard de mon trouble, je ne voyais rien de réel, mon cœur, seulement, battait à se rompre...

Mon père m'a dit depuis, combien il avait admiré ce jour-là, avec son ami, ma pudeur « intelligente », il me fit observer encore à quel point j'avais ménagé celle du modèle et la leur, à tous les deux.

L'appréciation suivante de Diderot, en matière de Pudeur, (*Supplément au voyage de Bougainville*) est lumineuse.

« A. — La Pudeur ?

« B. — Mais vous m'engagez là dans un cours de morale galante. L'homme ne veut être ni troublé ni distrait dans ses jouissances. Celles de l'amour sont suivies d'une faiblesse qui l'abandonnerait à la merci de son ennemi. Voilà tout ce qu'il peut y avoir de naturel dans la pudeur : le reste est d'institution.

L'aumônier remarque, dans un troisième morceau que je ne vous ai point lu, que le Taïtien ne rougit pas des mouvements involontaires qui s'excitent en lui à côté de sa femme, au milieu de ses filles ; et que celles-ci en sont spectatrices quelquefois émues, jamais embarrassées. Aussitôt que la femme devint la propriété de l'homme et que la jouissance furtive d'une fille fut regardée comme un vol, on vit naître les termes *pudeur, retenue, bienséance;* des vertus et des vices imaginaires : en un mot, on voulut élever, entre les deux sexes, des barrières qui les empêchassent de s'inviter réciproquement à la violation des lois qu'on leur avait imposées et qui produisirent souvent un effet contraire, en échauffant l'imagination et en irritant le désir. Lorsque je vois des arbres plantés autour de nos palais et un vêtement de cou qui cache et montre une partie de la gorge d'une femme, il me semble reconnaître un retour secret vers la forêt et un appel à la liberté première de notre ancienne demeure. Le Taïtien nous dirait : Pourquoi te caches-tu ? De quoi es-tu honteuse ? fais-tu le mal, quand tu cèdes à l'impulsion la plus auguste de la nature ? Homme, présente-toi franchement si tu plais. Femme si cet homme te convient, reçois-le avec la même franchise ».

Malheureusement, comme l'a fort bien dit Guyau (*l'Irréligion de l'avenir*) l'éducation religieuse peut fausser l'esprit de la femme en l'éloignant de l'homme avec lequel elle doit vivre, en rendant sa pudeur trop indéterminée et trop farouche...

Indépendamment même de l'éducation religieuse nous rencontrons le préjugé bourgeois dont l'effet de moralité étroite est aussi déplorable.

A ce mur des conventions niaises doivent se borner les fleurs de l'intelligence de certaines jeunes filles bien élevées, et l'imagination de celles-ci se déprave le plus souvent, à vouloir voler au delà de ce mur.

On se complaît trop volontiers vraiment, à détourner l'intellect, de la vérité des choses sous prétexte de pudeur. On épure les lectures c'est-à-dire que seules les lectures inférieures sont tolérées de même que les musées où l'évidence du nu triomphe, demeurent des spectacles dangereux.

Le désir de curiosité n'est-il pas davantage pernicieux ? D'autant que la prudence des mères, de certaines mères, s'exerce singulièrement, au théâtre notamment où les pièces réputées virginales sont en réalité fortement immorales dans le sens étroit des préjugés bourgeois.

C'est *Carmen*, qui nous montre une fille des plus vulgaires dont l'amour mortel est exclusivement sensuel et voluptueux, c'est *Faust* où nous voyons Marguerite tuer son enfant né du baiser illégitime (proh pudor !) c'est *Roméo et Juliette*, ce chant de passion presque initiateur de la possession.

Mais l'audition de telles œuvres, étant traditionnelle, l'austère convention devait s'incliner devant le chef-d'œuvre.

De même qu'il est convenu de considérer la danse, comme un plaisir anodin : plaisir qui consiste ni plus ni moins en l'étreinte voluptueuse de deux êtres, audacieusement enlacés, échangeant leur souffle et la chaleur de leur corps en même temps que des paroles emportées, mystérieusement, sur l'aile d'une musique aphrodisiaque.

Entendez-vous les hauts cris, de telle mère, de tel mari si en d'autre temps, en d'autre lieu, sans musique, un homme se permettait de pareilles privautés, de si indécentes attitudes à l'égard de Madame ou de Mademoiselle ?

« Je vous dis des danses comme les médecins disent des champignons ; les meilleurs n'en valent rien disent-ils et je vous dis que les meilleurs bals ne sont guère bons. »

Voilà l'opinion drôlatique, de François de Sales et, sur la foi d'un vénérable *Traité contre les Danses* (1606) nous ne nous en tiendrons pas là.

J'ai dit du ris, écrit le peu badin Salomon, tu es hors du sens, et de la liesse, que sert-elle ? C'est ce que nous en nos églises jugeons des danses : que ce n'est qu'une liesse charnelle, folie et vanité !

Ceux qui regardent danser les autres, renchérit saint Paul, sont aussi coupables que ceux qui dansent ! et voici pourtant un tableau de la chose incriminée, peint par un connaisseur et un « voyeur », il est piquant que le connaisseur et le « voyeur » soient justement un prêtre : « Que signifient ces voltes, ces sauts, gestes et mouvements que sont les danses, tant des pieds que des autres membres et de tout le corps. Que montre ce branlement compassé si justement et curieusement à la cadence d'une chanson lubrique ou de quelque courante, bal ou ballet, volte ou autre branle ?

« Qu'est tout cela orgueil, piaffe ou ostentation d'une gaillarde disposition !

« Certes le roi David ne priait pas sans cause que Dieu détournât son œil afin qu'il ne regardât pas sa vanité », continue l'écrit vertueux et si David ne put regarder franchement Bedsabée quand elle se baignait, encore moins, peut-on regarder impunément sans être tenté, les filles et les femmes en la curiosité luxurieuse et lascive de la danse.

Conclusion : tandis qu'à cette vue le fils

d'Isaï perdait sa sainteté, Bedsabée perdait son innocence !

Qu'arriva-t-il à Candoles, roi de Lydie qui voulut faire voir sa femme toute nue à Gigès ? Il la perdit et fut tué par celui à qui il avait fait voir la beauté de sa femme, devenue aussitôt la femme du meurtrier !

Et nous lisons dans l'histoire d'*Aladin* que l'empereur de Chine, lorsque sa fille allait au bain, défendait à ses sujets, sous peine de mort, de se trouver sur le chemin où elle passait.

Différences d'optique, maritale et paternelle, pareillement exagérées !

Mais pour en revenir à la danse pieusement critiquée, nous apprenons, par exemple, que les p... de Rome avaient honte de se livrer à cet exercice devant Caton le Censeur, par respect pour lui, et que « la prêtresse d'Apollon ne répondait jamais ni ne bâillait l'oracle que premièrement Satan ne l'eût agitée par la danse ». Cette fois la preuve religieuse est acquise !

Autres méfaits : la fille de Jacob, fut cause pour s'être montrée à la danse, de ce que la ville de Sichem fut passée au fil de l'épée et Jacob et sa famille mis en danger de mort, l'enlèvement des filles de Silo, n'aurait point encore, d'autre causes...

Mais qui doutera « que Zamri qui mena la princesse Cosbi pour la « paillarder » au Tabernacle de Convenance, comme s'il eût voulu faire un « bordeau » du sanctuaire de Dieu ? Qui doutera qu'il eût jamais commis cet acte s'il n'eût été ensorcelé ainsi que plusieurs autres d'Israël, par les danses des filles de Madian et de Moab qu'elles faisaient en la solennité de leurs idolâtries, de Vénus ou de Priape ! »

Nous nous garderions bien de nous montrer moins impitoyable, tant qu'à faire, que ces vertueux censeurs, au profit, cette fois de l'évocation d'art : N'est-ce point à cause de la fille d'Hérodiade que fut tranchée la tête de saint Jean-Baptiste ?

Le roi Hérode, selon la légende, charmé par la danse voluptueuse de Salomé, ayant promis à la brillante danseuse de lui accorder tout ce qu'elle lui demanderait « fût-ce même la moitié de son royaume », se vit obligé de lui accorder la tête de saint Jean-Baptiste.

Puis cette fois, toujours à propos de la danse, apparaît le fantôme diabolique, sous la plume des religieux. « Ceux qui aiment à faire ces sauts, tours, bonds et gambades tiennent plutôt des singes, chevreaux et des jeunes bouquins et satyres (c'est-à-dire Diables à pieds de chèvre comme on se les figure et tels qu'ils se montraient parmi les Païens) que de la modestie et bienséance des filles et femmes pudiques et honnêtes ! »

La danse condamnable chez la femme ne l'était pas moins, paraît-il chez l'homme, à ce point qu'un proconsul nommé Murena, ayant demandé le consulat, rencontra le veto de Caton parce qu'il avait dansé dans son gouvernement d'Asie.

Mais l'amusant est que Cicéron qui plaidait pour Murena ne put s'empêcher de dire dans son quatrième livre des Offices « qu'un homme de bien et honnête ne voudrait danser publiquement, non pas même pour gagner un grand patrimoine ! »

Par la suite, d'ailleurs, Cicéron ne ménagea

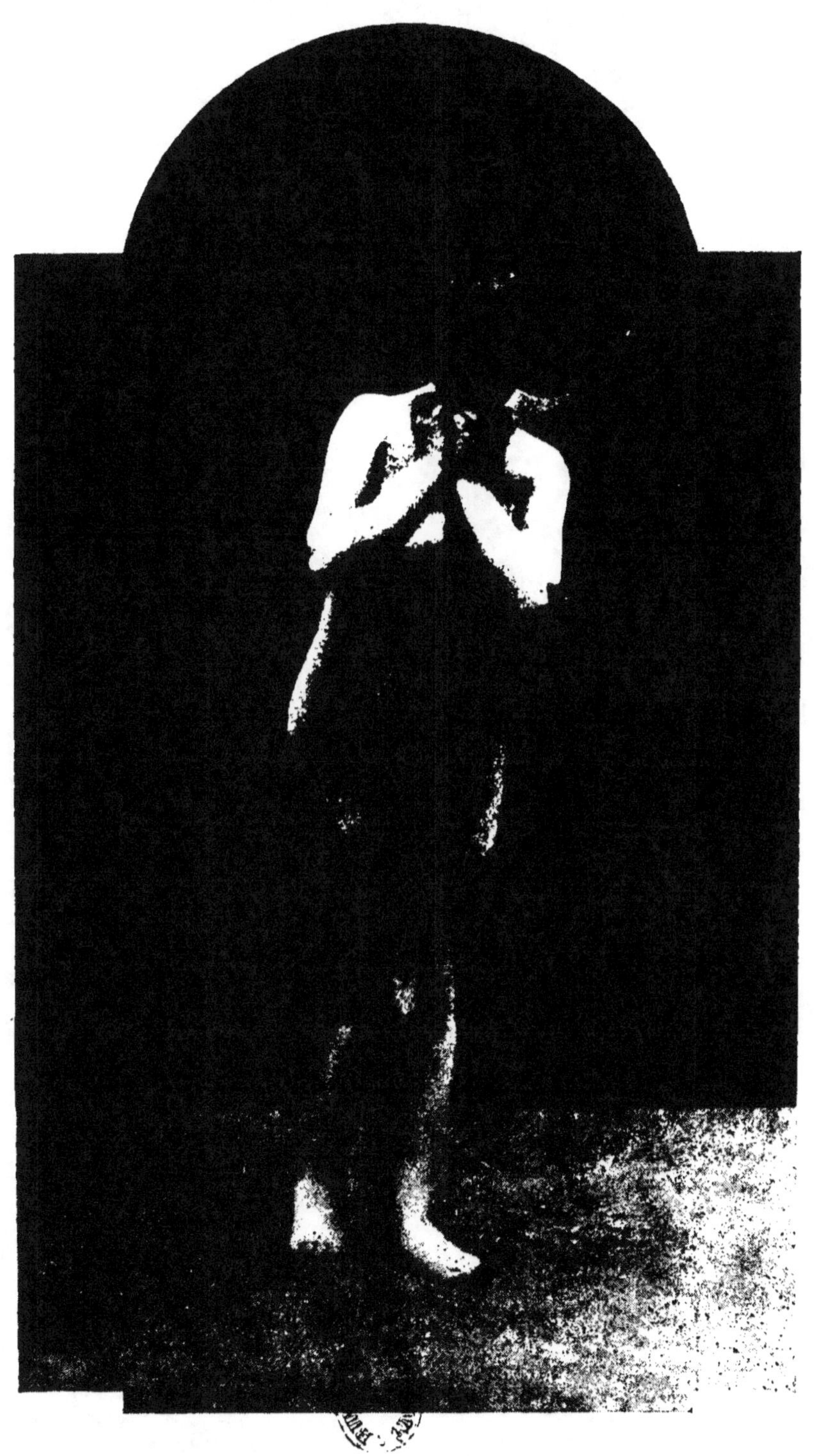

Dès l'origine, la femme fuit l'homme...

guère, à ce propos, son adversaire au Sénat :
Sulpice.

Suétone, pour terminer cette incursion
morale à travers la chorégraphie, se moque
de Caligula, de Néron, danseurs occasion-
nels et approuve finalement l'arrêt qui révo-
qua de la magistrature S. Domitian, accusé
d'avoir dansé !

Et pourtant, contradictoirement, un contem-
porain écrit non sans justesse, à propos d'une
danseuse : « Quel fruit faut-il attendre d'ef-
forts si peu proportionnés aux moyens d'un
sexe délicat. »

Les muscles, fatigués sans discrétion, con-
somment sans mesure. Les esprits, destinés
à nourrir le feu des passions et le travail du
cerveau, sont détournés de leur route.

L'absence des désirs, le goût du repos, le
choix exclusif d'aliments substantiels, tout
indique une nature appauvrie, plus avide de
réparer que de jouir...

Les médecins calabrais ordonnent la danse
pour remède aux passions hystériques qui
sont communes parmi les femmes de leur
pays, et les Arabes usent à peu près de la

2.

même recette pour les nobles cavales dont le tempérament trop lascif empêche la fécondité. »

Voulez-vous entendre d'autres préjugés relatifs au dévergondage ? « La vie des pasteurs donna naissance aux amours déréglées. Les mœurs des tisserandes furent horriblement décriées dans la Grèce. Les Italiens ont consacré un proverbe à la lubricité des boiteuses. Les Espagnols déguisent le secret de leurs désirs dans cette maxime qui leur est familière : *Muger y gallina pierra quebran tada;* il est bon que la femme et la poule aient une jambe rompue... »

Au surplus l'ordonnance du kalife Hakim, fondateur des Druses, défendit sous peine de mort, de fabriquer dans ses états aucune chaussure de femme !

Le lecteur démêlera l'attrait pittoresque de ces exagérations vertueuses, fortifiées d'exemples curieux que nous citâmes, seulement pour leur agrément.

Mais nous reviendrons, plus exactement, à notre objet, grâce à la confession suivante :

« J'ai été élevée, nous dit une jeune femme,

dans le plus parfait état d'innocence ou d'ignorance si vous préférez.

Mes yeux s'habituèrent dès le jeune âge à se baisser d'eux-mêmes sur les choses que je ne devais pas voir; jusqu'à mes oreilles qui ne perçurent que les propos convenables et de bon ton !

Par quel miracle, mes yeux et mes oreilles épargnèrent-ils à mon âme ingénue le mauvais contact ? je ne saurais le dire, c'est le fruit simplement, de la bonne éducation hypocrite.

Le mot *amitié* remplaça, naturellement, le mot *amour* dans ma pensée contrainte, j'étais naïve et pourtant, comment expliquer la rougeur qui me montait, malgré moi, au front à ce mot : *amour ?*

L'idée que je me faisais de l'homme nu ? Mon Dieu, celle de l'Apollon du Belvédère, exclusivement et encore, je n'avais du personnage qu'une vague souvenance, après l'avoir regardé à travers ma « bonne éducation ».

Cet Apollon était donc là : *l'homme !* Un homme un peu efféminé, c'est-à-dire aux formes pareilles un peu aux miennes; pourtant, je ne reconnaissais pas dans cet idéal viril, tel personnage rencontré au bal ou en soirée par exemple, dont les moustaches me frôlaient délicieusement (je l'avoue maintenant) en dansant, un homme cependant, lui aussi, mais si différent à ce qu'il m'apparaissait, de l'Apollon du Belvédère !

Et puis, sans penser à mal, la feuille de vigne (dont j'ai saisi la vertu, par la suite) me déconcerta, d'autant qu'elle n'existait point sur toutes les statues d'hommes et que, malgré moi, j'établissais des comparaisons entre cette feuille et... l'autre !

En vérité, je n'attachai guère d'importance à cette étrange... végétation dont je pressentais aisément la tromperie puisque j'étais juge par moi-même des mutilations, des... oublis plutôt, que les artistes apportaient à la représentation de mon propre sexe.

Pourquoi eût-on ménagé davantage la vérité masculine ?

Toutefois, je pensai, que cela était mieux ainsi, l'exactitude, vraiment, m'eût paru honteuse, m'eût fait rougir extrêmement.

Le mystère du mariage, l'énigme de

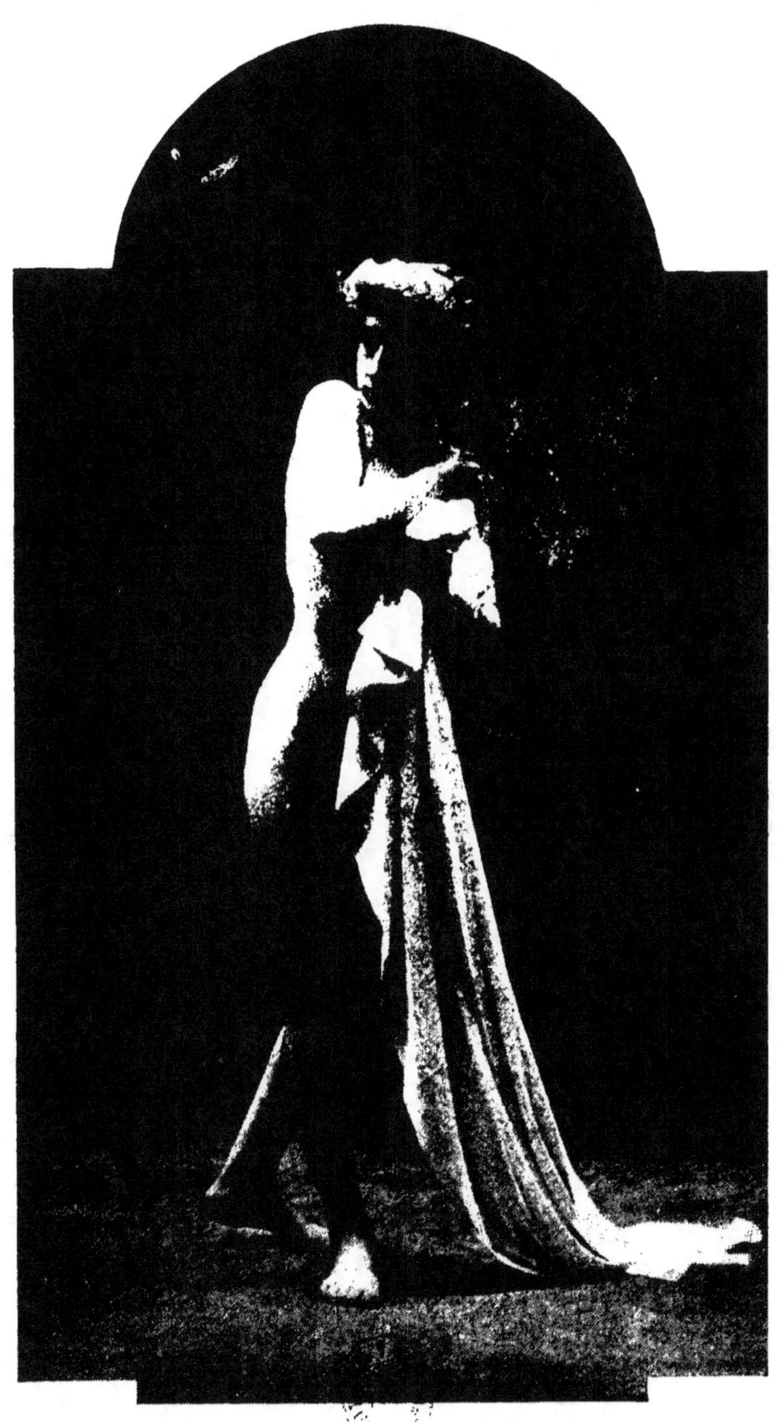

...David ne put regarder franchement
Bethsabée quand elle se baignait...

l'homme, surtout, vint à me gêner au point que je ne pouvais sans trouble regarder un homme en face. C'est le résultat selon moi de l'hypocrite éducation des jeunes filles actuelles, l'excès contraire : l'aplomb, eût été traité d'inconvenance, l'air « bécasse » à tout prendre, servait davantage la morale conventionnelle.

« Qui.veut faire l'ange fait la bête ! » a dit Pascal.

On frémit en songeant à la jeune fille désarmée, entretenue aussi ignorante de la vie, de la défense de son honneur, de son corps enfin, vis-à-vis de l'homme, au contraire, expert et malicieux.

Qui dira l'émotion, la douleur même de la vierge, à la révélation brusque du baiser, en des bras grossiers, sous des lèvres brutales ! Oh ! qu'il sombre vite à ce moment, le « bateau » majestueux de l'éducation morale !

Et cette pudeur !

Je sais une mère qui ne pardonna jamais à sa fille, élevée dans les principes austères en question, la franchise, l'air dégagé, avec lesquels elle prit place à la table maternelle, le lendemain de son mariage.

Notez que la jeune femme observait à côté de son mari, une décente retenue mais ses yeux ne se baissaient plus comme naguère devant le fiancé, en un mot, il n'apparaissait pas qu'une chose, « monstrueuse » sans doute dans l'esprit de la mère, ait brusqué la sérénité coutumière.

Ainsi, sans se douter que cette désinvolture n'était peut-être que de la naïveté, la mère semblait tenir rigueur à son enfant de ne point frémir encore devant elle au souvenir d'un spectacle poignant, si longtemps, si soigneusement prohibé, dont pourtant elle venait seulement d'avoir la surprise.

J'ajoute qu'au repas en question, la mère, moins naïve, s'offensait d'autant plus de l'attitude de sa fille, qu'elle avait pris soin pour cacher son trouble ou sa gêne, d'inviter un vieil ami de la famille, qui devait par sa présence, sinon par sa conversation, servir de dérivatif au malaise qu'elle estimait devoir être général.

Certes la pudeur de cette mère valait moins que la chasteté de sa fille ! »

« Quant à l'utilité de la pudeur, dit Stendhal, elle est mère de l'amour; on ne saurait plus rien lui contester. Pour le mécanisme du sentiment, rien n'est plus simple : l'âme s'occupe à avoir honte, au lieu de s'occuper à désirer ; on s'interdit les désirs et les désirs conduisent aux actions. »

La satisfaction du désir expliquerait davantage le secret pudique que l'inutile pudibonderie.

Quand nous disions que tout se ramène à la pudeur féminine, nous pensions plus exactement à la vertu intacte de la jeune fille, car l'attitude qui sied à la femme initiée à l'amour serait plutôt de la décence et de la modestie.

Décence parce qu'elle connaît le siège du plaisir intime, *modestie* car elle a l'avantage d'avoir été aimée.

Nous découpons dans un journal, cet écho explicite, on va juger une affaire d'attentat à la pudeur :

« M. le président X... s'adressant à l'auditoire :

— Je prie les quelques jeunes filles qui se trouvent dans la salle de vouloir bien sortir.

Inutile de dire que personne ne bouge.

Le président réitère alors son invite, tout en désignant deux ou trois demoiselles, qui se contentent de rougir sans... obéir.

M. X... ne perd pas cependant patience et, s'adressant cette fois à l'audiencier, il le prie de vouloir bien passer lui-même dans le public à l'effet d'exécuter son ordre.

A ce moment, les deux ou trois jeunes filles qui avaient rougi se lèvent timidement et quittent la salle. Mais l'honorable huissier n'en poursuit pas moins son exploration en interpellant à droite et à gauche les dames qui étaient assises. Or, voilà que celles-ci se rebiffent toutes en déclarant bien haut qu'elles ne sont plus des... demoiselles. Il n'en faut pas davantage pour décider l'audiencier à ne pas pousser plus loin ses constats... »

La virginité, a dit Guyau, tire toute sa grâce de l'ignorance ; lorsqu'elle devient assez savante pour se connaître elle-même, elle se flétrit : le printemps passé, on ne conserve les

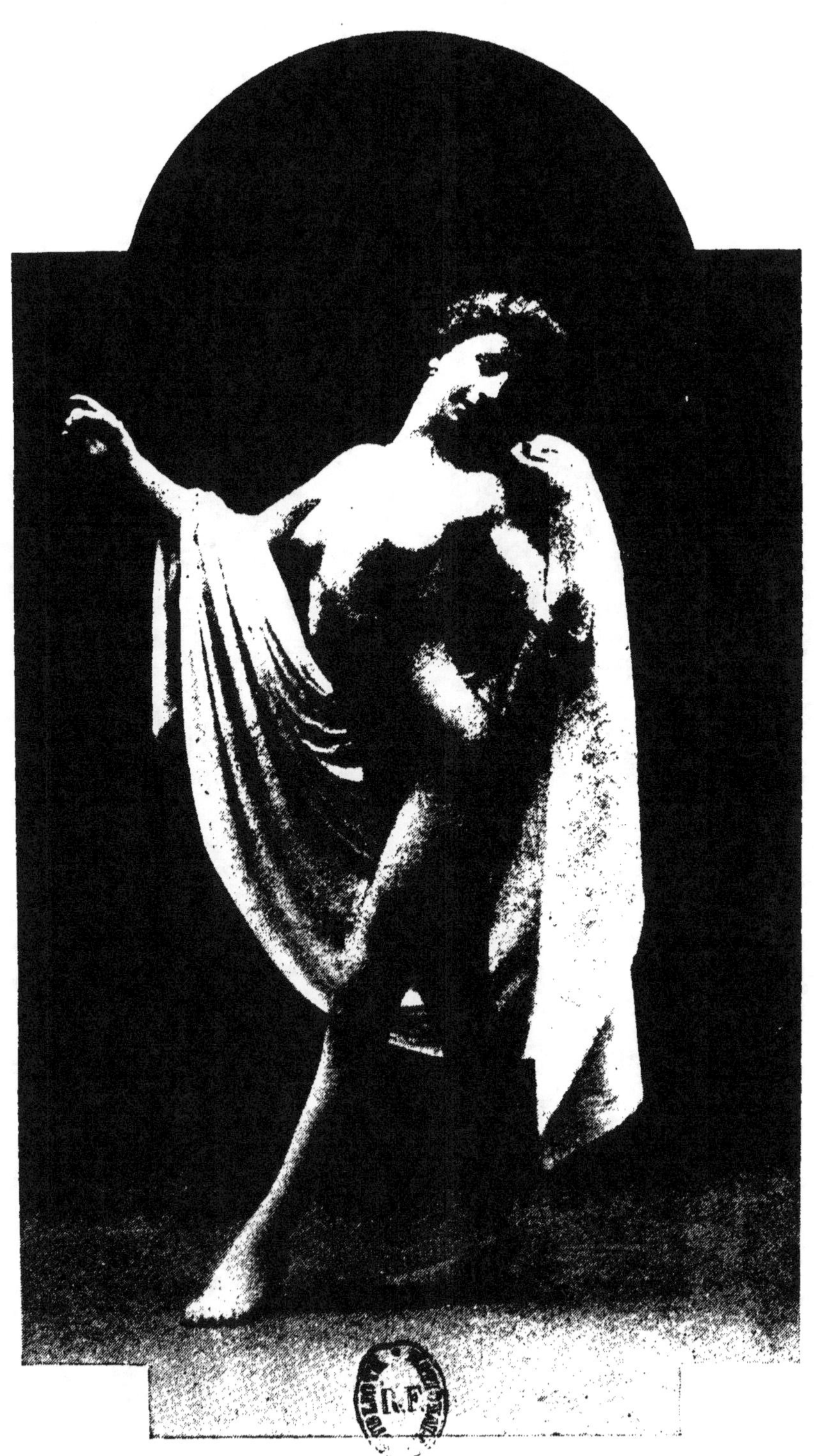

La danse voluptueuse de Salomé...

vierges comme certains fruits, qu'en les des-
séchant. »

**

Les artistes à travers les siècles, dans la
représentation des sexes, usèrent de procédés à la fois ingénieux et comiques pour satisfaire aux lois de la Pudeur, si variables
selon les dispositions de la mode ou les coutumes des pays.

Leur soin naturellement, s'attacha à cacher
les parties génitales ou à les défigurer !

C'est-à-dire que de naïves banderolles, volant comme par hasard, vinrent masquer à
temps, les organes sexuels de tel ou tel individu; ce furent d'imprévues draperies, des
rameaux inopinés amenant le sourire.

Le serpent qui tenta Eve fut une excellente
ressource à la Pudeur de la première femme,
ses cheveux aussi, si touffus, si souples au
caprice de la cause chaste. Adam lui, ré-
clama des peaux de bêtes pour cacher confor-
tablement sa vertu, à moins que ce ne fussent des feuilles de figuier cousues ensemble
« lorsqu'ils connurent qu'ils étaient nus ». Le

3

goût du péché naquit au reste de cette révélation.

Le Seigneur Dieu prit soin, au surplus, de
faire pour Adam et sa femme « des chemi-
settes de peau », il les en habilla et dit : Eh !
bien ! voilà donc comme Adam est devenu
l'un de nous, sachant le bon et le mauvais
(Genèse).

En dehors de ces accessoires concédés aux
bonnes mœurs, les artistes recoururent à d'ingénieux mouvements pudiques, à une heureuse ordonnance des membres, dont l'intention plus que le fait, éluda la nudité transparente du corps.

Il est à remarquer que les peintres se montrèrent plus réservés que les sculpteurs, en
ce qui touche à la vérité des organes sexuels
représentés ; la couleur sans doute, aggra-
vant l'illusion, déconcerta le pinceau, tandis
que l'ébauchoir n'hésita pas, entraîné par le
modèle peut-être, à reproduire le système pi-
leux du pubis et l'organe viril.

Pourtant, le capiton mousseux des aisselles,
manque, totalement, dans la statuaire, alors
que cette fois, les peintres n'oublièrent point

de l'indiquer, discrètement, avec juste l'inté-rêt ombreux qu'il comporte.

Les Grecs et les Romains furent particu-lièrement respectueux de cette réalité du sexe chez l'homme, bien qu'ils n'osèrent être si sincères lorsqu'il s'agit de la femme, il est vrai qu'ils pratiquaient l'épilation qui impli-qua une habitude différente de l'œil. Seules les prêtresses d'Astarté ne s'épilaient jamais, « afin que le sombre triangle de la déesse marquât leur ventre comme un temple ». (Pierre Louys : *Les chansons de Bilitis*.)

Culte à rapprocher de celui du Phallus.

A l'époque de la Renaissance, nombre de statuettes féminines témoignent d'une auda-cieuse exactitude, mais on peut dire qu'elle n'y gagnent guère en beauté, tant cette vérité est inutile chez le Beau Sexe, dont les char-mes sont estompés naturellement.

L'organe viril, lui, tient du symbole, la disparition, voire même l'atténuation des par-ties, nuirait à la vérité de l'aspect et à l'idée que l'on se fait du mâle. Que penser d'un Her-cule qui serait châtré ou même, niaisement amoindri !

Dans l'antiquité, au surplus, le Phallus que l'on portait notamment dans les fêtes d'Osiris et de Bacchus, était l'emblème du principe générateur; il était Dieu par l'idée de fécondité et de puissance.

La création d'Hermaphrodite, encore, donnait la satisfaction d'un troisième sexe, d'expression large, à cause de son invraisemblance plutôt vicieuse.

Les mystères d'Eleusis enfin n'étaient rien moins que la glorification de la débauche.

L'invention de l'austère feuille de vigne (pourquoi le choix exclusif de cette plante ?) est bien singulière, constatons la vitalité surprenante en pleine civilisation de ce reste de barbarie, d'hypocrisie lourde, de cette pudeur feinte et dangereuse.

La sournoiserie des voiles, en effet, porte plutôt à la lubricité, on voit à *yeux couverts* comme l'on parle à mots couverts, même supercherie vicieuse dont le but n'est autre que de mettre l'esprit en éveil.

« La vérité a-t-on dit, irrite ceux qu'elle n'éclaire et ne convertit pas. »

Vive la feuille de vigne, néanmoins ; puis-

que les Allemands optèrent en faveur de laids
suspensoirs dont ils parent, actuellement
encore, leurs dieux et leurs Apollons !

****

Les artistes modernes, moins inutilement
exacts dans l'expression des sexes que les
Anciens, se sont bornés à défigurer le sexe
féminin, plus facilement escamotable, au
reste, que celui de l'homme ; seule une ombre
savante modèle la base du ventre, en peinture,
tandis que la lumière se charge elle-même de
ce soin en sculpture. L'esprit devine, ici, sans
être pour cela désillusionné ni étonné, juste la
vérité qu'il lui faut ; chez l'homme, une conve-
nable demi-exactitude prouve suffisamment
sa masculinité.

Pour en revenir à l'attrait des parties cachées, c'est-à-dire à la pudeur à rebours de
tous ces « caches » dont la concession à nous
ne savons quel ridicule préjugé, est pénible,
voici plusieurs témoins de cette vertueuse dé-
pravation.

Sous couvert de jalousie, les Orientaux ont
augmenté le nombre de leurs appétences en

masquant le bas du visage de leurs femmes ; celles-ci, dont les yeux apparaissent seuls, plus ardents sous le kohol, plus provocants, excitent davantage par la pensée de la bouche que l'on soupçonne d'autant plus désirable, qu'elle est cachée.

Le loup que dans les bals masqués les femmes appliquent sur leurs yeux, irrite par son mystère, il en est de même du domino qui rend les formes plus troublantes, parce qu'il les dissimule.

Dans quelques pays d'Orient, même, le sentiment de la pudeur, subit de curieux déplacements, puisque, pour cacher leur visage au profane, certaines femmes de ces pays, n'hésitent pas à se couvrir la tête de leur unique robe, relevée *pudiquement* sur leur corps entièrement nu.

Autre exemple ! à Batavia il est d'usage que les femmes ne mettent à leurs pieds nus que de petites sandales brodées d'or, une dame s'étant un jour avisée de cacher ses jambes dans des bas de soie bleue, on trouva à l'hôtel où elle logeait, fort inconvenant de sa-part, d'attirer ainsi l'attention sur cette partie de son corps.

Ce qui tendrait à démontrer que la pudeur n'est que conventionnelle et que, le fait de montrer une partie quelconque de son corps, en peut fournir le prétexte.

Une femme de Madagascar laisse voir sans y songer ce qu'on cache le plus ici, mais mourrait de honte plutôt que de montrer son bras.

A propos de ces voiles, hypocritement pudiques, tant en faveur chez les femmes à son époque, Sénèque a dit : « Voyez-vous ces habits transparents si toutefois on peut les appeler habits ? Qu'y découvrez-vous qui puisse défendre le corps et la pudeur ? Celle qui s'en revêt pourrait-elle vraiment jurer qu'elle n'est point nue ? Elles font venir ces étoffes d'un pays où le commerce n'a jamais existé afin d'avoir le droit de montrer au public ce que les femmes n'osent montrer à leur amant qu'avec la plus grande réserve. »

Combien la perversité physique est moindre chez les indigènes, dont les sexes s'étalent côte à côte, entièrement dévoilés ! La curiosité principalement, éveillant le désir, il est bien évident que l'habitude vient à point tempérer ce désir, l'étonnement malsain disparaît, rassasié au spectacle des sexes couramment exposés.

Il y a beau jour que la fontaine Mannken-piss, érigée en pleine place publique à Bruxelles, a cessé d'étonner !

La révélation brutale des sexes équivaut donc à un viol et, la pudeur, chez nous, n'est qu'un raffinement des sens plus surexcités par l'inconnu ; nous irritons davantage nos jouissances au moyen des ruses, c'est l'esprit de tous les temps, en réalité une habitude d'hypocrisie prudente.

Et il faut, a écrit Malesherbes, avoir l'œil bien fin pour saisir la ligne qui sépare la prudence de la dissimulation.

A l'objection : « les femmes sauvages n'ont point de pudeur car elles sont nues, Jean-Jacques Rousseau répond « que les nôtres en ont beaucoup moins car elles s'habillent ! »

Au cours de son étude, l'écrivain s'explique : « Il n'y a point de vêtement si modeste au travers duquel un regard enflammé par l'imagination n'aille porter les désirs.

Une jeune Chinoise, avançant un bout de pied couvert et chaussé, fera plus de ravage à Pékin que n'eût fait la plus belle fille du monde dansant toute nue au bal du Taygète. »

Nous relevons, à ce sujet, dans un vieux livre intitulé : « *Remontrances aux dames sur leurs ornements dissolus*, les curieuses exhortations suivantes. Un esprit est apparu à la Sainte Vierge, il lui dit : « Ma fille, que les femmes laissent leurs robes d'ostentation qu'elles ont prises pour satisfaire à leur orgueil, car le diable a enseigné aux femmes un nouvel abus et plusieurs ornements indécents qu'elles s'appliquent à la tête et aux pieds, pour induire les hommes à la luxure et pour irriter Dieu en leurs robes étroites et montre de leurs mamelles et onctions de fard ».

C'est encore saint Jérôme s'écriant « O femmes, que c'est un trait de *bordeau* de se découvrir ainsi (c'est-à-dire de munir sa tête de cheveux étrangers (*sic*) en démontrant mignardement son col délicat) et afin que l'on ne dise que l'on n'y a pas songé ! Le manteau tombe afin qu'il découvre les blanches épaules et elles se hâtent de couvrir ce que, de propos délibéré elles eussent découvert, comme si elles ne voulaient pas qu'il fût vu. Et, quand elles sont en public, comme si c'était de honte, elles cachent leur visage et, d'un art et ruse de *bordeau*, elles montrent cela seulement qu'étant montré peut plaire davantage ! »

Tertullien raconte encore que l'Ange de Dieu apparut une fois à certaine dame de son temps laquelle avait le col tout nu et lui bâillant de grands coups disait : « Voilà certainement un beau col et à bon endroit est-il nu. Il est bon que tu sois voilée depuis la tête jusqu'aux reins, de peur que cette liberté de col ne te profite pas ! »

Entre le nu et le déshabillé il y a place en effet, pour l' « habillé » pudique ou impudique, rappelons-nous le triomphe d'Esther sur ses compagnes, grâce à la modestie de sa mise qui lui valut d'être l'épouse d'Assuérus.

L'ostentation de la parure, l'aguichement des fanfreluches, l'excitation des parfums et des fards, autant d'attentats à la pudeur charmante. Ce n'est point à la femme à solliciter l'amour, la provocation du corps sous des oripeaux voyants, choque comme une œillade.

Jusque vers la fin de l'Empire, les danseuses du Théâtre de l'Opéra connurent les longues jupes à l'avantage de la pudeur, au détriment de l'art. Maintenant, l'art sera pleinement satisfait.

En général, on ne saurait exhiber davantage le corps féminin, excepté dans les music-halls où certainement le costume n'est qu'un mot, sur une nudité transparente, davantage appétente même, par son parfum à peine caché et son sourire aguichant derrière une gaze de luxure. « Les acteurs, sont accoutumés par l'ancienne discipline du théâtre à un tel soin de la pudeur, qu'ils ne se montrent jamais sur la scène sans un vêtement de dessous qui leur sauverait la honte de paraître à découvert, si quelque partie de leur costume venait à se relever. »

Cette dernière observation de Cicéron nous prouve que les temps n'ont pas changé, puisque la police des théâtres actuelle prescrit aux artistes un double maillot, afin qu'en cas d'accident la pudeur soit sauve.

Et pourtant, en cas d'accident qu'arriverait-il ? l'œil du spectateur, allumé de convoitise, verrait en place de chair affriolante, l'hypocrisie d'un deuxième maillot poursuivant l'illusion excitante du mensonge, attisant davantage même les sens, à ce refus de la chair qui se refuse pour la deuxième fois, se retranchant derrière des formes capiteuses.

La nudité offerte en un beau geste, tout entière, ne donne point la sensation voluptueuse d'un coin de peau, c'est la différence morale et physique qui existe entre le nu, le déshabillé et certain « habillé ».

CHAPITRE II

LE MOUVEMENT DE LA PUDEUR

La chasteté des beaux ouvrages nus est absolue, seul le déshabillé apparaît, en principe, inconvenant, parce qu'il évoque davantage l'idée amoureuse, de même qu'un parfum gardé entre les feuilles d'un livre noble, fait penser à la fleur qui exhala ce parfum, bien plus qu'au texte admirable de ce livre ; tout au moins l'imagination fut-elle détournée du but initial.

« L'immoralité n'est pas dans le nu, elle est dans les yeux de ceux qui le regardent. »

L'individu qui n'aperçoit dans le nu que la femme, qui ne sait pas s'affranchir de la pre-

mière impression sensuelle ou même s'y complaît, celui-là, certes est immoral, et c'est lui
qui rend immoral l'objet qu'il contemple. »

(Dr *Stratz*.)

Les Goncourt dans leur *Journal* (année 1853)
à propos du nu et du déshabillé, nous initient
curieusement, à la pudeur de Rachel la célèbre tragédienne. Il s'agit d'un tableau de
Diaz que lui avait adressé Nathalie, le tableau
lui vaut la lettre suivante :

    « *Ma chère camarade,*

    « *Ce Diaz est vraiment trop peu gazé pour
l'ornement de ma petite maison. J'aime le
déshabillé d'un esprit charmant, je ne puis
admettre cette nudité que l'Arsinoé de Molière aime tant. Ne me croyez pas prude. Mais
pourquoi vous priverais-je d'un tableau que
je serais obligée de cacher, moi !*

    « *Mille remerciements quand même, et
croyez-moi votre dévouée camarade.*

Rachel. »

Goûtez la réponse de Nathalie :

    « *Chère camarade,*

    « *Je suis une folle et presque une impie*

d'avoir cru mon petit tableau digne de votre hôtel. Mais ma sottise m'a du moins valu un précieux renseignement sur les limites de votre pudeur. Permettez-moi seulement de défendre contre vous le répertoire comique que vous invoquez ici un peu à contre-sens, car c'est justement dans les tableaux qu'Arsinoé n'aime pas les nudités :

> Elle fait des tableaux couvrir les nudités,
> Mais elle a de l'amour pour les réalités.

« Je reprends donc mon petit Diaz, un peu confus de son excursion téméraire, et je cache sa confusion dans ma chambre où M. A. peut seul le voir.

« Votre très dévouée,

Nathalie. »

La leçon est vraiment charmante et nous partageons l'étonnement ironique de la camarade de Rachel, qui nous remet en mémoire l'amusante boutade prêtée à Diderot, malade, soigné par une religieuse.

La bonne sœur lit à son frère alité, pour le distraire, la Bible... et Diderot, d'une voix alanguie, coupe à plusieurs reprises la sainte

lecture par cette humble prière... « Gazez,
ma sœur, gazez !... »

Voici qui eût étonné Jean-Jacques Rousseau : l'extraordinaire pudeur de Rachel !
Certes à cette pensée, la plume de l'écrivain
se fût en un instant suspendue dans l'essor de
son opinion intransigeante à l'égard de la
vertu des femmes de théâtre !

Eh ! quoi, s'écrie-t-il, en effet, une femme
honnête a grand'peine à demeurer telle dans
un milieu calme, et vous pourriez admettre la
pureté des sentiments chez les actrices, en
pleine excitation de volupté, au milieu des
adorateurs, devant et derrière la toile ?

« Elles quittent en atteignant la coulisse, la
morale du théâtre aussi bien que leur dignité;
et si l'on prend des leçons de vertu sur la
scène, on les va bien vite oublier dans les
foyers. »

Que les temps sont changés, et cette opinion
désuète !

Gageons que le grand Pompée ne serait
point obligé aujourd'hui comme il le fut à son
époque, de baptiser le magnifique théâtre
qu'il avait fait élever : *Maison de Vénus*, afin

qu'on ne l'accusât pas ainsi d'impudicité et de libertinage.

L'idée de faire consacrer comme un temple et de couvrir... sa faute, sous le voile de la religion n'est point heureusement une idée moderne.

Nous faut-il revenir au temps de Louis XV. A l'austérité d'un monsieur de Muy, ministre?

M. de Muy, chargé par Louis XV d'accompagner le roi de Suède durant son séjour à Paris, satisfaisant au désir du Prince qui désirait aller à la Comédie, s'était arrêté à la porte de la salle en disant « Sire, ma religion ne me permet que de vous accompagner jusqu'ici ! »

Aujourd'hui, les ministres de la troisième République ont respiré avec meilleure grâce le parfum qui monte des coulisses du théâtre, d'aucuns ont même, timidement il est vrai, témoigné leur désir de décorer du ruban rouge certaines actrices célèbres...

En attendant cette suprême distinction, de pudiques violettes honorifiques préparent l'opinion — généralement favorable — à l'incarnat de la Légion d'Honneur.

Jean-Jacques Rousseau donc, a été dur, à l'égard de cette catégorie d'artistes dont la vie, fort souvent, en dehors de la griserie des planches, se passe dans l'austérité la plus bourgeoise.

L'impudeur ou l'illusion qu'elle donne, a de ces chocs en retour, au contraire, fréquents; c'est l'histoire, toutes proportions gardées, de cette prostituée de maison de tolérance à qui l'on demandait l'emploi de ses jours de sortie et qui répondait, avec un air presque virginal, tant sa vision chaste purifiait, à ce moment, son âme : « Je vais me coucher, toute seule, dans un petit lit, bien blanc ! »

Nous connaissons une vieille dame, — cette fois il ne s'agit plus d'une artiste et le cas est moins étrange — dont le salon s'orne, sur les murs d'admirables peintures de Boucher : femmes et amours. Or, l'excellente dame a imaginé de cacher les nudités charmantes du peintre, tantôt avec des vases garnis de fleurs, tantôt avec des lampes coiffées de vastes abat-jour.

Mais, dernièrement la farouche créature a

surpris, non sans colère, son petit-fils un bambin d'une dizaine d'années, en train de déranger les vertueuses lampes, et d'écarter les fleurs afin de voir enfin, derrière l'imagination apeurée, de sa grand'mère...

Voilà bien l'effet de la curiosité des voiles, c'est l'histoire du _ballon que le bébé crève, pour voir ce qu'il y a dedans !

« Donner des leçons de pudeur et d'honnêteté aux enfants, c'est leur apprendre qu'il y a des choses honteuses et déshonnêtes, c'est leur donner un désir de connaître ces choses-là et la vraie innocence n'a honte de rien. »

Les Anciens, dans l'impossibilité qu'ils étaient de vêtir tous leurs personnages, car on ne saurait se figurer Vénus habillée, ni Hercule, ni Mercure — apportèrent dans leurs œuvres un sentiment délicat de la forme et firent un choix judicieux du modèle, de manière à en exclure toute impudicité.

Grâce à l'art triomphant de ces précurseurs, la Vérité sortit nue de son puits, imposant l'évidence éclatante de ses formes sans voiles, à l'épouvante des niais.

La Vénus antique (de Médicis, Aphrodite,

du Capitole, Marine, etc.) cache d'une main, ses seins, de l'autre son pubis ; sa pose généralement peu variée en raison du geste instinctif pareil, exprime agréablement la pudeur admise et conservée dans notre société moderne actuelle, où il n'est toléré d'exhiber ses seins qu'au bal, seulement sous prétexte de décolleté, de même que les jambes d'une femme ne sauraient être considérées chastes qu'en tenue de bicycliste.

L'attitude de la femme nue surprise, fut encore ingénieusement rendue dans la Vénus accroupie qui, d'un geste enveloppant, comprime des mains et des cuisses, ses charmes frémissants.

Notez que la femme violée par le regard dans l'intimité de ses charmes dévêtus, masque tout d'abord ses organes maternels ; il lui importe peu, à la rigueur, de montrer sa nuque, sa taille ou sa croupe... Cette distinction en la pudeur semble un respect ingénu de l'enfant idéal, endormi au cœur du symbole des organes maternels cachés, qu'ensemencera le baiser d'amour, seul !

Et cela est si vrai, qu'une mère n'hésitera

point à montrer son sein dans l'action de l'allaitement, elle sera bellement impudique alors et, ses mamelons gonflés de lait, n'offriront d'autre intérêt en dehors de l'image attendrissante.

« Tandis que l'amour se cache, la maternité se montre au grand jour : c'est le passage de la fonction égoïste à la fonction sociale. »

(Camille Mélinand.)

Autre mouvement, celui-là, purement illusoire, il cache le rouge monté soudain au front, qu'il incendie ; vite les bras dissimulent seulement les yeux, miroir de l'âme, tandis que le corps impersonnel maintenant, puisque les yeux le renient dans la honte, resplendit de pudeur sacrifiée.

Geste à rapprocher, toutes proportions gardées, de celui de l'autruche qui se croit à l'abri du danger, aussitôt qu'elle a caché sa tête.

La draperie, elle, inspira d'autres attitudes de décence. Généralement, dans l'Antique, la chemisette des femmes moule parfaitement les seins, c'est de la pudeur transparente ;

mais, nous goûtons l'esprit avec lequel la draperie est retenue à la taille par l'ingénieux relèvement d'une cuisse. (Vénus de Milo, de Falerone notamment.)

En d'autres cas d'alerte pudique, tous les objets à la portée de la main peuvent convenir pour cacher le corps, du moins en son mystère essentiel, les artistes au reste, connaissent cette ressource inépuisable propre à varier le geste et l'effet.

La fuite, encore, assure la victoire à la pudeur ; mouvement instinctif de protection certaine, moins courageuse que les précédentes car la fuite laisse derrière elle comme un parfum exaspérant de chair évanouie, elle trahit chez la fugitive une faiblesse dont on eût voulu profiter, elle laisse aux sens l'amertume de n'avoir pas rattrapé à la course, une beauté défaillante !

« La fuite a été le salut du chaste Joseph. Sainte Euzébie et ses compagnes fuient héroïquement l'occasion en flétrissant leur beauté... Après tout, qu'est notre vœu de chasteté sinon une fuite perpétuelle de l'occasion ? »

(Abbé Maucourant.)

Reste la pâmoison qui dit l'âme blessée de joie, de surprise, ou de terreur en présence du mâle brusquement révélé, adorable et exécrable à la fois, dans l'émotion troublée de la vertu.

Quant au geste de décence chez la femme habillée il s'indique, dans la rue par exemple, sous divers aspects de grâce, suivant l'indiscrétion du vent qui moulera tantôt les jupes outrageusement ou, tout bonnement, les relèvera.

Sous l'empire de cette curiosité impersonnelle et d'une brutalité quelconque, la main gantée nerveusement tendra la draperie soudain amoureuse des formes, baissant un rideau rigide sur de riants aperçus ; autrement, deux mains alarmées tairont la jupe évaporée, près des genoux.

Lors de l'affreuse catastrophe du Bazar de la Charité, on retrouva entre les jambes calcinées des malheureuses victimes, leurs bracelets et leurs bijoux. La mort avait saisi les infortunées dans un suprême geste de décence et de préservation indiqué par les mains et les bras, une dernière fois préoccupés d'arracher au feu les jupes conservatrices de leur pudeur.

Les bijoux plus réfractaires à la flamme, marquaient étrangement la place des membres consumés.

Au spectacle de l'incongruité, encore, la face rougissante se détournera, à moins que l'impassibilité du visage ne témoigne d'une innocence simplement feinte.

Puis, l'éventail dictera une dissimulation charmante ; celle de l'âme abritant son émoi derrière un rempart gracieux, fait d'ivoire et de dentelles à jours.

Tandis que les yeux de la femme tamisent leurs feux à l'ombre de l'éventail palpitant au bout des doigts, la délicieuse inconvenance, aiguillonnée par l'obstacle, empourpre les joues et vermillonne les lèvres à l'aide de mots ailés, jusqu'à ce que, enfin éperdu, se rende le papillon-obstacle d'ivoire et de dentelles à jours !

Rougir dans sa candeur, n'est-ce point dire la jeunesse de son cœur ? Comment ne point faire illusion lorsque l'on cache ingénieuse-

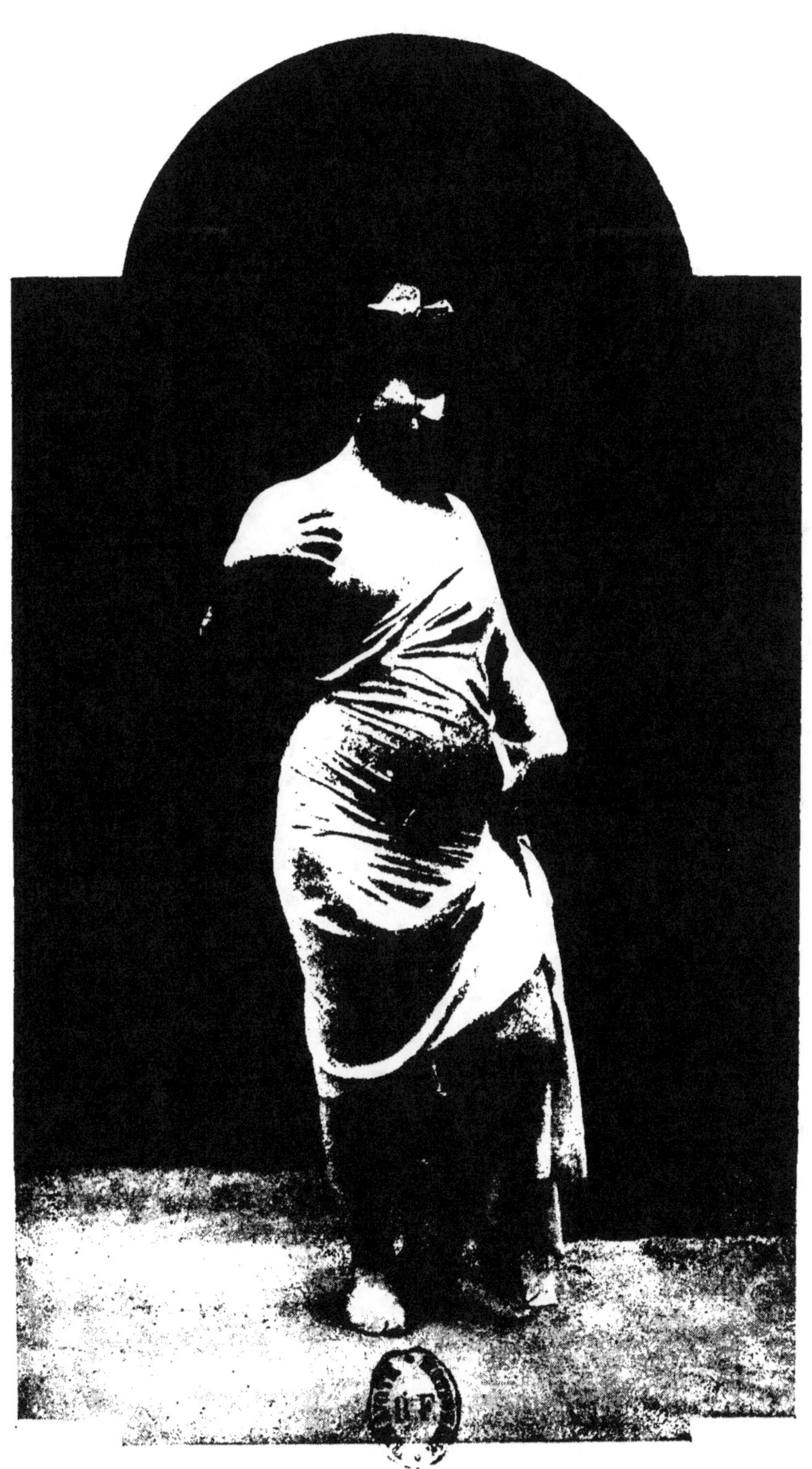

Les voiles hypocritement pudiques.

ment cette candeur, surtout, lorsqu'on ne sait plus rougir !

Le parfum du réséda gagne à cacher la laideur de sa fleur.

Chez l'homme, le sentiment de pudeur est, à vrai dire, nul ou presque nul, n'est-il point en effet le séducteur de la femme et l'initiateur de l'amour ?

Pour ces raisons, oserait-on médire de l'ostentation de son sexe puisque, en échange de cette vanité, il y perd un charme : celui de savoir se faire désirer ?

Avouons que Joseph, abandonnant son manteau entre les mains de madame Putiphar, plutôt que de céder à son amour, est parfaitement risible et que saint Antoine, réservant à son seul compagnon les caresses que lui offrent — pâmées, — de jolies créatures d'amour, représente une vertu bien incroyable !

Le célèbre Lancelot, à qui une dame amoureuse de sa personne offrit un soir la moitié de son lit sous prétexte qu'il n'y en avait point d'autre en son château, fut-il davantage inspiré lorsqu'il garda sa chemise pour bien

prouver à l'ardente dame qu'elle n'avait rien
à attendre de lui ?

Le rôle de provocateur de la vertu, est, au
surplus, tellement indiqué chez l'homme, qu'il
s'en façonne une gloire fanfaronne dont les
femmes raffolent intérieurement, puisqu'elles
savent que c'est à l'homme qu'il incombe de
venir cueillir leur virginité en fleur et que cet
homme doit faire ainsi sa cour, comme un
paon fait la roue.

Un philosophe interrogé, pourquoi les
hommes faisaient la cour aux femmes et non
les femmes aux hommes, répondit qu'il était
naturel de demander à celui qui pouvait toujours accorder.

Après avoir parlé du vœu de chasteté excep-
tionnel, grand point de la « profession du
prêtre ». Balzac dit : « Mais qu'il se produise
au sein du salon le plus janséniste possible un
jeune homme de vingt-huit ans qui ait bien
précieusement gardé sa robe d'innocence et
qui soit aussi vierge que les coqs de bruyère
dont se festoient les gourmets, ne voyez-vous
pas d'ici la femme vertueuse la plus austère
lui adressant quelque compliment bien amer

sur son courage, le magistrat le plus sévère qui soit monté sur le siège hochant la tête et souriant, et toutes les dames se cachant pour ne pas lui laisser entendre leurs rires ?

L'héroïque et introuvable victime se retire-t-elle du salon, quel déluge de plaisanteries pleut sur sa tête innocente ! Combien d'insultes !

Qu'y a-t-il de plus honteux en France que l'impuissance, que la froideur, que l'absence de toute passion, que la niaiserie ?

Le seul roi de France qui n'étoufferait pas de rire serait peut-être Louis XIII ; mais quant à son vert-galant de père, il aurait peut-être banni un tel jouvenceau, soit en l'accusant de n'être pas français, soit en le croyant d'un dangereux exemple. »

On ne voit guère, sans ridicule, en effet, la virginité de l'homme se prolonger au delà de l'éveil de la puberté.

La défloration chez le sexe fort, d'ailleurs sans importance, implique une impudeur adoptée, source d'expérience, qui est la garantie des vierges.

La pudeur, au conseil de revision, n'existe

pas, sans doute à cause de la laideur générale des corps dévêtus et en raison de l'égoïsme avec lequel on montre son anatomie, pressé d'en finir avec une formalité. — D'ailleurs, l'homme aurait « à rougir de rougir » devant cette obligation de son sexe, car il donne là, la première preuve de sa virilité dont il doit et veut être fier — voici pourquoi son manque de pudeur le grandit à ses yeux et aux nôtres.

« Nos mœurs ne souffrent pas qu'un père se baigne avec son fils arrivé à l'âge de puberté, ou un beau-père avec son gendre », a écrit Cicéron. Ici, effectivement, la pudeur est discutable; plus individuelle pourtant que générale, elle dépend encore des circonstances.

On sait aussi que le plus souvent dépourvu de timidité, vite expert en amour, l'homme n'attache guère d'intérêt au secret de son corps, son éducation masculine lui donne au surplus une désinvolture sexuelle, toute martiale par opposition délicate à la grâce féminine.

N'oublions pas que les filles d'Eve, après avoir croqué à la pomme, prirent soin de faire goûter à l'homme du fruit défendu, nous leur devons notre éducation physiquement amoureuse, leur impudeur provocante nous fut profitable, elle délia nos sens.

« Et le Seigneur Dieu appela Adam et lui dit: Adam, où est-tu ? Il répondit: J'ai entendu ta voix dans le Paradis, et j'ai craint, parce que j'étais nu et je me suis caché.

Et Dieu lui dit: Qui t'a appris que tu étais nu ? Il faut que tu aies mangé ce que je t'avais ordonné de ne pas manger.

Et Adam dit: la femme que tu m'as donnée, m'a donné du fruit du bois et j'en ai mangé. » (Genèse.)

La pudeur chez l'homme, est plutôt de la retenue, car il *n'ignore pas* et, l'ignorance est sœur de la pudeur; elle engendre la crainte et la timidité; elle dissimule une honte que n'éprouvent pas ceux qui savent, ceux qui ont vu le danger en face et l'ont essuyé.

« J'ai connu des jeunes filles qui passèrent des nuits d'amour platonique avec l'homme adoré, sans pécher et sans laisser pécher.

Ces miracles-là, conclut Mantegazza, l'homme les ignore tout à fait. »

La peur comme la pudeur amène le rouge au front, l'obstacle du danger et de l'inconnu jette le trouble dans l'âme pareillement; la franchise seule ne tremble pas; elle est le fait des consciences libres, c'est-à-dire de ceux qui ont vécu, et l'homme doit avoir vécu le premier.

Au surplus, selon Aristote, les vertus de l'homme et celles de la femme ne sont pas les mêmes : chez l'un c'est la force et l'amour de la liberté, chez l'autre, c'est la pudeur.

D'après Aristote encore, on rougit de ce qu'on fait sous les yeux des autres et au grand jour; d'où vient le proverbe : « La pudeur est dans les yeux. » De là vient aussi qu'on rougit davantage devant ceux qui doivent rester toujours avec nous et ceux qui voient toutes nos actions, parce qu'on est dans les deux cas sous les yeux d'autrui.

Le mieux à retenir dans cette observation, c'est que la pudeur est dans les yeux, voilà pourquoi on les baisse quand on rougit; mais on ne saurait rougir davantage — au contraire — devant l'indulgence ou l'habitude de ceux qui « restent toujours avec nous et ceux qui voient toutes nos actions ».

D'autre part on rougit d'une chose impudique sans avoir d'ailleurs à redouter le moins du monde qu'elle nous déshonore si elle n'a pas eu de témoin.

Ceux qui ressentent de la honte rougissent tout à coup, comme ceux qui ont peur de la mort pâlissent instantanément. Or, ce sont là deux phénomènes purement corporels, et ce sont les caractères d'une émotion fugitive bien plutôt que d'une habitude ou qualité.

On ne peut guère parler, en somme, de la pudeur ou de la honte, comme d'une vertu; elle est, à ce qu'il semble, plutôt une affection passagère qu'une véritable qualité: et l'on peut la définir une sorte de crainte du déshonneur.

« Un enfant ne rougit pas quand on le voit nu, mais il rougit quand on le surprend à mentir. Une jeune fille bien élevée ne rougit pas pour un mensonge, mais elle rougit si l'on découvre une partie de son corps. La soi-disant éducation fait passer la pudeur de l'âme sur le corps. »

(Dr Stratz. Beauté de la Femme.)

M. C. Mélinand conclut ainsi judicieusement : « La rougeur s'intercale entre la pudeur et la honte; je cherche à éviter les regards : pudeur, — je les sens fixés sur moi: rougeur; — je souffre de les avoir subis: honte.

La pudeur naît donc avant la chute, la honte après. La honte résulte souvent d'une défaite de la pudeur.

D'après Macrobe qui vivait au ve siècle « les philosophes naturalistes prétendent que la nature, sous l'empire de la honte, étend devant elle comme un voile de sang, de même que l'on peut voir souvent quelqu'un qui rougit se couvrir la face de ses mains. »

Cette définition de la rougeur révélant l'émotion de l'Etre, est au moins charmante; elle vaut mieux que l'explication scientifique aussi nette que dépoétisante. Nous garderons l'illusion de l'Amour d'une vérité désagréable et comparerons simplement pour sa beauté

mpalpable, la rubescence exquise du visage
l'Aurore aux doigts de roses.

Mais Darwin nous dit à ce propos dans
Expression des émotions, ses propres obser-
ations, très intéressantes.

On sait que la femme rougit plus que
'homme, et combien il est rare de voir rougir
n vieillard tandis qu'il l'est beaucoup moins
e voir rougir une vieille femme.

On n'ignore pas davantage que les enfants
n bas âge ne connaissent pas ce trouble, très
réquent en revanche chez les aveugles !

« Ils n'ont pas immédiatement conscience
qu'on les observe et une partie très impor-
ante de leur éducation consiste à leur incul-
quer cette notion; l'impression qu'ils en ressentent accroît beaucoup chez eux la tendance
e rougir, en augmentant l'habitude de faire
attention à eux. »

Darwin prétend aussi que la tendance à
rougir est héréditaire; il raconte à ce propos
l'histoire d'une famille affligée à l'extrême de
cette particularité, dont les enfants furent en-
voyés faire des voyages afin de les débar-

rasser, si possible, de cette sensibilité maladive ; mais rien n'y fit !

On peut même hériter de certaines manières
de rougir, c'est ainsi que Sir James Paget,
examinant le dos d'une jeune fille, fut frappé
de la manifestation étrange de son trouble,
son dos se marbrait de taches purpurines pareilles à celles du visage.

La mère interrogée, répondit que sa fille
tenait d'elle cette singularité.

Souvent aussi, l'émotion fait pâlir, suivant
le caprice de l'âme qui aime à défaillir selon
sa fantaisie.

Autre désillusion que celle de la rougeur
descendant, parfois, plus bas que le visage,
les oreilles et la nuque...

Le joli démon de la pudeur, hélas ! hasarde
son pinceau enduit de vermillon, au delà des
joues ; il se fait un malin plaisir — exempt de
poésie — de gaspiller ses roses, et voilà qu'au
lieu d'un charme, nous allons assister à une
infirmité !

Darwin nous conte à ce propos, qu'une
jeune fille, choquée d'un acte qu'elle s'imagi-
nait être une inconvenance, se couvrit de rou-

geur sur toute la surface de l'abdomen et sur
la partie supérieure des jambes !

Moreau raconte aussi, sur la foi d'un
peintre célèbre, que la poitrine, les épaules,
les bras et tout le corps d'une femme qui ne
consentit à lui servir de modèle qu'avec répugnance, rougirent lorsque, pour la première
fois, elle fut dépouillée de ses vêtements.

Au surplus, ne dit-on point « rougir jusqu'à
la racine des cheveux ! »

Swinhoe même a vu rougir des Chinois,
les Arabes... Il est fréquent dit Forster de
voir la rougeur sur les joues des plus belles
femmes de Tahïti. »

Chez les indigènes, encore habitués à aller
tout nus, on constate que la rougeur envahit
l'ensemble du corps, jusqu'aux yeux des al-
binos, déjà rouges, qui s'embrasent davantage !

Les habitants barbares de la Terre-de-Feu,
eux-mêmes, d'après M. Bridges, rougissent
« surtout sous les regards des femmes, mais
aussi par suite d'un simple retour sur l'état
extérieur de leur personne. »

Darwin note, cependant, en dernier lieu,

le charme vainqueur d'une légère rougeur « les Circassiennes, qui sont capables de rougir, atteignent invariablement, dans le sérail du sultan, un prix supérieur à celui des femmes moins impressionnables. »

Il est fort heureux vraiment que, pour l'illusion de l'Amour, le sourire ne se réduise point à une vulgaire contraction nerveuse et la rougeur exquise de la pudeur à une laide congestion.

Au diable les savants, qui du plaisir n'ont retenu que la rencontre animale de deux organes différents; la vie n'est rien hors la poésie et la mort pas davantage !

Dans l'antiquité, les figures d'hommes mythologiques sont représentées nues concurremment, souvent, avec des figures de femmes habillées ce qui serait contraire aux lois de la bienséance : (Vénus et Mars, collection Borghèse, au Louvre).

On sait, que, de la comparaison des sexes, naît l'impudeur, de même qu'un groupe de personnages dont l'un est nu et l'autre habillé, implique une idée de choquante réalité par le rapprochement peu idéal.

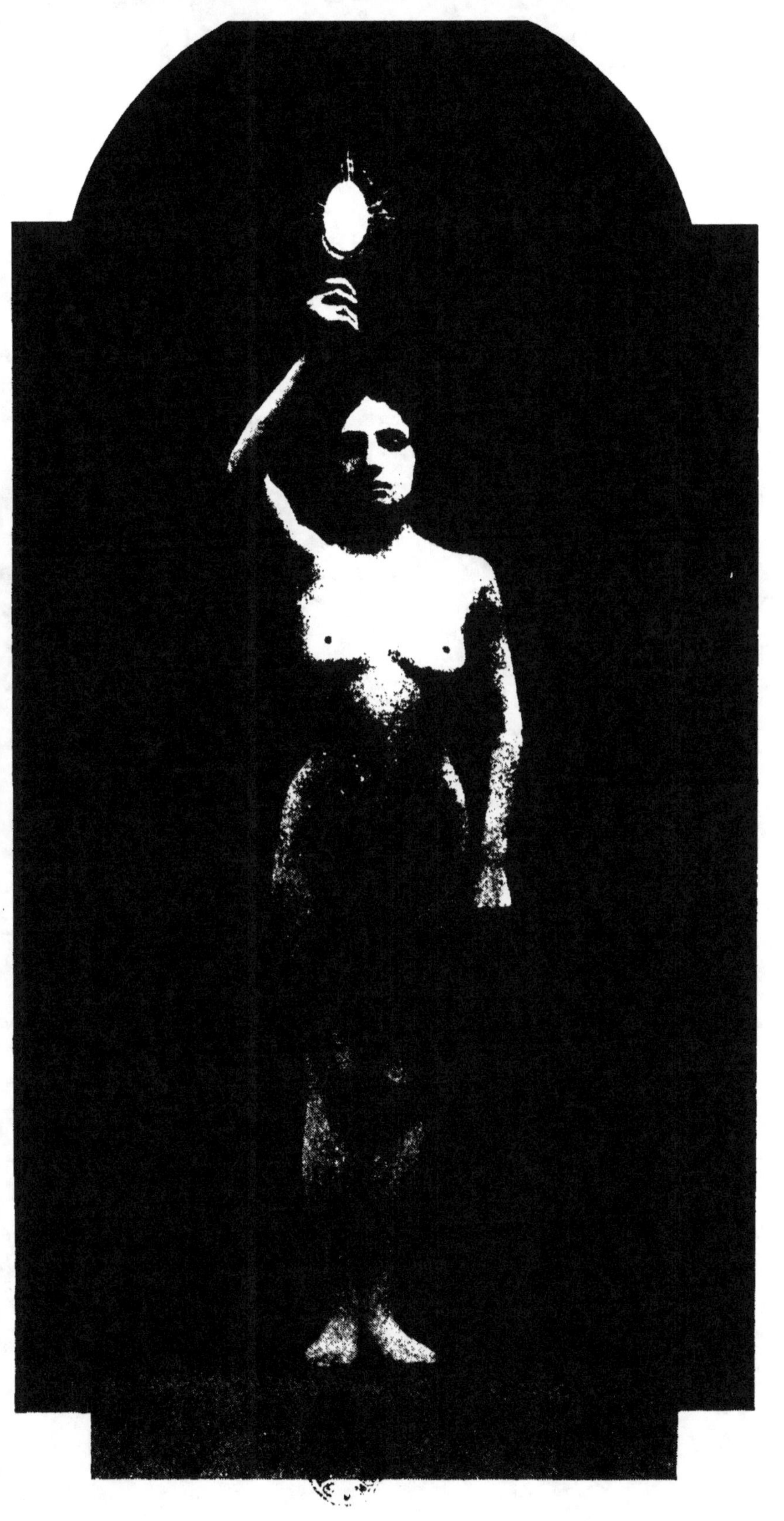

La Vérité.

Le nu donc, qui doit s'élever dépouillé de
tout point de comparaison érotique, bien au-
dessus des sens qu'il ne réveillera pas à cette
condition, est d'un caractère de pureté essentielle, contrairement au « déshabillé » et au
« retroussé » dont la tendance grivoise n'est
guère douteuse.

Effectivement, le fait d'accommoder des
parties nues, de les avantager, de les parer,
attise le désir charnel à l'exclusion de tout
autre.

On ne doit pas mêler à la beauté intangible
et sacrée la réalité des objets matériels ; revêtir de bas les jambes d'une femme c'est la
dépoétiser au point de vue divin et la désigner
aux ardeurs de l'amour.

Un corset, un pantalon, une chemise, etc.
portent à la lubricité, parce qu'ils s'adres-
sent aux sens, en ramenant l'esprit à la réalité
d'un sexe, parce qu'ils constituent une provocation passionnelle et excitent le cerveau
physiquement surtout.

En revanche, voici qu'un thyrse, jeté adroi-
tement sur le terrain ou deux femmes nues
s'arrachent trivialement le chignon, procurera

l'illusion poétique de deux bacchantes en que-
relle !

Que penser de pareille scène si au lieu du
thyrse on eût mis des corsets.

Combien horrible à voir le corps de cet
homme s'il ne personnifiait Silène, grâce à
des rameaux de vigne chargés de raisin.

Qu'est-ce que les amours ? sinon nos propres enfants à qui l'artiste ajouta des ailes !

La fiction élève seule l'âme; il suffit que
l'audace plane pour en imposer et se faire
admettre.

La vertu, a dit Jean-Jacques Rousseau, est
un état de guerre et, pour y vivre, on a toujours quelque combat à rendre contre soi.

L'idéal, essentiellement vertueux, tient un
rameau de paix, et la vertu pardonne au mé-
chant comme l'arbre santal parfume la ha-
che même qui l'a frappé — image du chef-
d'œuvre indulgent à la foule malveillante
enfin domptée.

Souvent, dans la représentation par l'art,
la draperie objective sut se retrousser au bon
endroit ; les artistes jouèrent volontiers à la
pudeur et ils n'eurent point tort, puisque

l'honnêteté était sauvée grâce à la supercherie de l'intention.

Au surplus, qui oserait critiquer l'audacieux glissement de telle draperie, révélatrice de secrets adorables : l'étourderie sublime excuse la morale et, la brise du génie soulève impunément les voiles imposés par la bêtise !

Rien de plus transparent, en réalité, que la préoccupation chez un artiste, de l'artificielle pudeur; il en est de cela comme des soi-disant « mots d'enfants » fabriqués par les stylistes: l'odeur fraîche de la naïveté s'évente au travail des mots !

Mais il importait de rire à la barbe des censeurs en inventant un érotisme à la portée de la bienséance courante.

Nombre d'iconoclastes d'autre part, crurent pudiquement s'exprimer en procédant à des suppressions innombrables : les uns ôtèrent le bout des seins, effacèrent le nombril à leur modèle; les autres, pudiquement, s'évertuèrent à épiler les aisselles et le pubis des femmes, sans se douter que leurs mains de vandales montraient, de la sorte, le chemin de la malsaine concupiscence.

L'hypocrisie sereine des artistes délicats s'indigne de tels procédés.

Certains fleuristes qui rognent aux ciseaux — sous prétexte d'ajouter à leur grâce, — les feuilles déjà élancées des roseaux, commettent le même contre-sens. — A quoi bon ôter les épines à la rose, puisque le toucher adroit sait se garder de la désagréable piqûre. — Que penser d'un lys qui serait rose !

Vous souvient-il du répugnant spectacle offert par telles actrices dont les aisselles étaient rasées ?

Oh! l'absence scabreuse de la touffe des poils, riante comme un nid sous les bras !

Combien l'absence de ce point sur l'i était déplorable, obscène presque!

Voyez le pubis épilé des femmes en Orient si indécent à contempler à cause de la mutilation contre nature.

***

Au couvent, dans les ordres religieux féminins, une poitrine un peu opulente est décrétée impudique, on doit annihiler ces rondeurs offensantes; la suppression des hanches encore, trop harmonieuses sur la taille fine, s'indique formelle, quant à la taille pourquoi la conserver aussi bien prise ?

Un à un, les charmes tombent sous le scrupule de la bêtise; défigurer l'Etre jusqu'à le rendre repoussant, voilà l'idéal de la pudeur mystique, conservatrice de certaine vertu !

Sans pudeur et sans honte pourtant, à côté de cette austérité farouche, voici d'abominables statues emblématiques, pommadées, informes, tant on les expurgea dans leur sexe : ce sont des saints et des saintes auréolés exposés dans ces mêmes couvents, reflets de l'église et d'une pieuse moralité conventionnelle. Tous ces grotesques, qui n'évoquent ma foi aucune haute personnalité ni vision, ne méritent-ils pas le rire qu'ils engendrent ?

Et pourtant, qui ne connaît les malicieuses et le plus souvent, obscènes fantaisies, d'une exécution tellement remarquable qu'elle semble exclure toute pensée hors l'art, qui décorent nos superbes cathédrales ?

Qui n'a souri au spectacle imprévu de telles

gargouilles, de telles cariatides évocatrices
du plus franc libertinage, que nous ont laissé,
avec un clignement d'œil égrillard, au cœur
même de l'église, les glorieux sculpteurs de
jadis?

Que penser encore de ces œuvres exécutées en toute liberté, en toute licence, sous les
yeux amusés des moines et des prêtres, sinon
que les religieux d'antan avaient la conscience plus éclectique et une idée plus large
de leur sacerdoce !

On sait gré, d'autre part, à l'intelligence
humanisée de ces pieux ascètes, d'avoir fermé
les yeux chastement devant l'idée leste à
condition qu'elle fût bellement exprimée !

Mieux valait, après tout, l'admirable équivoque de naguère, d'où se dégage l'idéal
quand même, que l'abominable production
d'images de piété actuelles d'une étonnante
vulgarité de pensée et d'art mais, convenablement religieuses.

A en juger par l'étonnante laideur physique et morale de ces religieux en folie de
pudeur — laideur avec laquelle cependant on
n'a guère de mérite à demeurer vertueux —

on se demande si réellement le comble de l'indécence ne réside point là, dans ces mutilations contre nature du corps et de l'intelligence.

Le vœu de chasteté, exigé des membres du clergé catholique, n'étonne-t-il pas de son rêve irréalisable, chez l'homme, du moins, chez qui le prurit des sens est impérieux et à qui le contact amoureux n'est jamais insensible?

Passe encore pour la vertu de la femme qui, préservée par l'éducation rigide, de la curiosité initiatrice et aiguillonnante, s'indique plus formelle et moins impressionnable, d'autant que le plaisir d'amour n'agite point toujours sa chair.

On sait même que nombreux sont les cas de sa frigidité.

Mais, le vœu de chasteté imprime au visage des traits d'hypocrisie naturelle, une sainteté inutile, contraire à la santé physique.

Les saints, les chastes, a dit saint Léon, sont « des crucifiés qui attachent leur chair à la croix du Christ par les clous de la continence et par la mortification de l'esprit et du cœur. »

Ces visages où la pudeur impossible est stagnante, rappellent ces plantes desséchées sur leurs tiges — l'âme — arome de leurs cœurs, manque du baiser frais de l'eau qui leur rendrait la vie !

On observe chez les sourds-muets une hébétude caractéristique ; leurs yeux semblent éteints faute de pouvoir renouveler leur flamme d'intelligence au bruit des choses, même atonie, chez ceux dont les oreilles et le cœur sont fermés volontairement à l'amour.

Ah ! le spectacle tragi-comique offert par un couvent de fillettes en promenade — sous l'uniforme piteux et l'étroite férule mystique, quelle laideur ambulante et maussade !

Et comment pourraient-elles paraître jolies et gaies, les pauvrettes !

Est-ce là, d'autre part, l'apanage exclusif de la vertu, que cette allure disgracieuse ?

Concevez-vous l'effroi de Dieu à l'aspect de ces masques enlaidis qui l'implorent, à la vision de ces bouches tordues par l'exagération de la prière, au lieu d'un joli visage, beau comme les anges eux-mêmes, immolé dans sa fleur et sa grâce simple.

Vit-on jamais une guenon sacrifiée en place de l'agneau blanc consacré ?

En revanche, les lieux saints ordonnent la pudeur respectueuse de la foi, de même, tout autre endroit où plane le mystère de l'au-delà et de la douleur, exige une retenue de bonne éducation, c'est l'obole de l'âme silencieuse à l'Inconnu troublant !

« La vérité, a dit Mme de Sévigné, est à la fois ce qu'il y a de plus sublime, de plus simple, de plus difficile, et cependant de plus naturel ! »

Défigurer les sexes, c'est tuer le désir ou le dénaturer, c'est dérouter l'imagination de la jeunesse et aussi attenter à la Nature et, l'Amour enfin, s'envole éperdu lorsque ses flèches s'émoussent aux monstres que, sous prétexte de pudeur, les hommes lui ont souvent accommodés !

CHAPITRE III

DE LA PUDEUR, DES SENTIMENTS QU'ELLE ENGENDRE ET DONT ELLE NAIT

> « Si l'austère pudeur voile un moment sa joue,
> Que sa ceinture d'or jamais ne se dénoue ! »

« On a tort de croire, a dit Poincelot, que les sentiments naïfs et la candeur de l'esprit soient le partage exclusif de la jeunesse: ils ornent parfois la vieillesse sur laquelle ils semblent répandre un chaste reflet des grâces modestes du premier âge, et où ils brillent du même éclat que ces fleurs qu'on voit éclore, fraîches et riantes, au sein des ruines ! »

L'expérience de la vie, le manque d'innocence enfin, ne sauraient accréditer outre mesure, la naïveté et la candeur séniles, à moins pourtant, de sournoiserie ou de sottise.

Ces vertus de caducité font songer à la maladie du vieux renard « qui mangerait bien une poule » leur apparence constitue plutôt un dangereux appeau et le printemps des rides n'est guère qu'un été de la Saint-Martin.

D'autant plus que sous les ruines dont parle l'écrivain, couvent le plus souvent des ardeurs compliquées qui n'ont d'égales que l'impuissance à les satisfaire; l'impudeur des vieillards serait, au contraire, formelle plutôt, puisqu'ils s'évertuent, en amour, à faire parade d'une cage dont l'oiseau depuis longtemps, hélas, s'est envolé !

« La pudeur est de tous les âges, mais les émotions si vives qu'elle cause à certaines organisations, n'est possible, en effet, que dans la jeunesse. Il n'y a pas de pudeur dans l'enfance, écrit Barthélemy de Saint-Hilaire, moins « candide » qu'Aristote disant « Nous louons parmi les jeunes gens ceux qui sont timides et honteux. Mais on ne peut louer la timidité dans un vieillard (cette timidité, autre pudeur.) *Car nous ne croyons pas qu'un vieil-*

lard puisse jamais faire rien dont il ait à rougir. »

L'amour est le roi des jeunes gens et le tyran des vieillards écrivit, non sans amertume Louis XII, ce à quoi E. Legouvé, nonagénaire, répond sagement : La pudeur de la vieillesse est de la dignité !

La chasteté donc, dans la vieillesse, serait mieux une juste retenue, davantage un respect des autres, l'art de sourire avec assez d'esprit pour ne point insister sur les dents qui manquent à l'intention de la bouche, reflet d'une bouche où fleurit naguère le baiser!

D'autant que la chasteté n'est point toujours un corollaire de l'innocence : c'est le fruit d'une éducation; rien d'étonnant donc, à ce que cette vertu soit un privilège de tout âge. Lorsque la pure Virginie, à l'heure de la tempête où elle trouve finalement la mort, refuse à un matelot qui veut la sauver, de se dévêtir, Bernardin de Saint-Pierre constate que le matelot avait été, dans sa pensée, chaste, tandis que Virginie avait été pudique.

La nuance des deux sentiments est peinte magistralement dans cet exemple, car la chasteté, fruit de l'effort vertueux et du savoir-vivre, n'a point d'âge et que la pudeur de Virginie résulte particulièrement de son innocence printanière.

⁎

Mais l'innocence est indubitablement l'apanage de la jeunesse, du moins les artistes ont-ils ainsi résumé l'idéal de la pureté née de l'inexpérience et de l'intelligence non encore éclose à toutes choses.

L'innocence, c'est la fleur qui ignore son parfum et les raisons de ce parfum, c'est deux yeux qui s'ouvrent tout grands à un spectacle inconnu, un sourire neuf enfin, à la Nature soudain révélée.

L'Innocence, la Candeur, l'Ingénuité et la Pureté sont sœurs, le symbole de l'art nimbe ces images de draperies immaculées, des colombes ou des agneaux, des cygnes, accentuent encore la blanche allégorie.

Pourtant, si l'on en croit M. de Buffon, le choix de la tourterelle symbolique serait au moins risqué, puisque le célèbre naturaliste a vu des tourterelles de même sexe, soit mâles, soit femelles, enfermées dans des cages, se joindre ensemble, comme si elles avaient été de sexe différent.

L'attitude équivoque de ces oiseaux, synonymes d'innocence et de fidélité, est piquante à relever dans sa dépoétisante contradiction.

Suivant certains iconographes, la tortue qui accompagne la *Vénus Pudique* signifierait encore, que la femme chaste doit vivre aussi retirée dans sa maison que cet animal l'est dans la sienne.

Et, la licorne, bête fantastique qui ne pouvait être domptée que par une vierge, selon le symbolisme du Moyen Age, tient à notre sujet par la grâce de sa légende.

« N'est-ce point cette vertu que nous représente cette tunique de fin lin que portait le Grand-Prêtre, cela ne dénotait-il pas la pureté et la blancheur du Souverain Pontife ?

L'étole n'est-elle pas portée par les prêtres en signe de pureté et de chasteté ?

N'oublions pas encore la fleur de l'oranger dont l'âme volatile, s'envole en même temps que la virginité — moins un parfum qu'un symbole.

La pureté élancée d'un lys blanc veut encore dire l'innocence, la chasteté et la pudeur, tous les sentiments, enfin, gardiens de la virginité.

Le jaillissement pur de la tige du lys, marque une sérénité altière et bien portante, son symbole candide toucha davantage les artistes, de préférence au camélia blanc qui semble la chair un peu émue d'une joue anémiée, bien qu'une rose, dont le rose tendre exprime si parfaitement celui de la pudeur, lui conviendrait davantage.

La sensitive (*mimosa pudica*) elle, plante à la fois pudique et craintive clôt soudain ses pétales à l'action du toucher.

Comparez l'émotion de cette fleur se fermant plutôt que de se donner et se laisser cueillir, aux lèvres de la femme, épanouies soudain, au baiser passionné qui l'ouvre tout entière!

N'ouvre-t-on point le cœur des autres quand on ouvre le sien !

En revanche, sous le regard insistant de l'homme, la vierge baisse les paupières, il y a là comme un souvenir de la sensitive !

Parfois, l'Innocence est représentée par un corps de jeune fille, dans une pose simple, jaillissante fleur de chair, tenant une autre fleur: un lys, une pâquerette.

Les yeux du modèle s'épanouissent très bleus sur un rêve très bleu (les mêmes yeux que ceux de l'enfant à son réveil) le mouvement s'indique gauche un peu, comme inachevé, l'indécision dans l'attitude accentue encore l'idée d'innocence.

Songez au geste suspendu, incomplet, dont témoigne la *Jeanne d'Arc* de Paul Dubois; l'Innocence et la Foi communiant dans la même pensée innée, la communauté d'expression devait les rassembler.

« La Chasteté, elle, dont les Romains avaient fait une déesse, était représentée sous l'habit d'une dame romaine, tenant un sceptre en main, et ayant à ses pieds deux colombes blanches. C'est ainsi qu'on la voit sur le revers d'une médaille de la jeune Faustine. Ailleurs, c'est une femme vêtue de blanc et voilée qui s'appuie sur une colonne, et tient une branche de cinnamome. Elle a aussi un crible rempli d'eau, allusion à cette vestale

romaine qui, dit-on, soutint cette épreuve. Cochin ajoute des pièces de monnaie à ses pieds, la tête d'un serpent qu'elle écrase, et des charbons ardents sur lesquels elle marche. D'autres iconologistes lui ont donné pour symbole l'hermine, avec une ceinture sur laquelle on lit ces mots: *Me castigo :* je me résigne. On ajoute au pied de la figure, un Amour dont l'arc est rompu, et dont les yeux sont couverts d'un bandeau.

C'était la personnification de la vertu féminine qui, devant l'opinion, se traduit longtemps par le fait que la femme n'a appartenu qu'à un seul mari.

Il existe au musée du Vatican une statue connue sous le nom de *Pudicitia.*

Il y a encore la *pudorité* dont nous trouvons traces et goûtons les nuances dans les vers suivants :

> Adam, après avoir mangé
> La pomme, se dit à lui-même :
> Hélas ! las! povre malheureux
> > Souffreteux,
> > Diseteux,
> Rempli de toute vileté,
> As maintenant ouvert tes yeulx

Oustrageux,
Tu vois mieulx,
Mais c'est à ta pudorité.
(*Mist. du Vieil Testam.*, 1196.)

Parlons aussi de l'humilité, cette vertu que peu de personnes pratiquent mais que tout le monde aime à entendre prêcher, de cette humilité que le maître aime dans son domestique, l'homme riche dans l'homme pauvre, etc...

L'humilité est, a-t-on dit, avec la pudeur et l'indifférence, un état de morale dont il faut s'embellir l'âme pour tout ce qui n'est vertu ou vice. — Au fond, l'humilité ressemble fort à la timidité; elle implique une étrange paralysie des moyens.

Les artistes, dont l'expérience se limite aux seuls signes physiques, résumèrent tous ces sentiments de l'âme inquiète, indistinctement, par la naïveté du visage, la clarté du regard et la fraîcheur.

D'autres fois, le modèle qui représente l'Innocence porte l'index de la main droite à sa bouche, mouvement très naturel d'indécision, marquant l'idée interrompue.

Même béatification de la naïveté, de la timidité, sources pareilles, limpides, cristallines, inséparables dans leur candide émission de nature :

> Berthe était douce, accorte, affable, humaine ;
> Mais elle avait de la sévérité
> Sur le grand point de la pudicité.
>
> Voltaire.

Aujourd'hui, les paysannes étalent leurs fichus avec plus d'orgueil, mais il n'y a plus dans leur toilette cette fine fleur d'antique *pudicité* qui les faisait ressembler à des vierges d'Holbein.

(G. Sand.)

Les Romains, eux, ne connaissaient guère que la *pudicité;* ils lui avaient élevé des autels et ils la représentaient sur les médailles, sous les traits d'une femme au maintien sévère, revêtue de la *stôla;* quelquefois debout, le plus souvent assise; mais toujours ramenant de la main droite un voile devant son visage et tenant de la main gauche une haste en travers (La haste était un fer de lance avec lequel les Romains séparaient les cheveux de la nouvelle mariée, pendant la cérémonie nuptiale).

Sur une médaille de l'impératrice Sabine elle est assise et porte la main droite vers son visage, pour montrer que c'est là principalement qu'apparaît le caractère d'une femme pudique.

La timidité, au reste, est d'illusion traîtresse; elle est double : tantôt gaucherie de la sottise, c'est-à-dire qu'après quelques pas dans le monde elle fait le plus souvent place à la fatuité et à l'impudence, tantôt une sorte de pudeur produite par les sentiments les plus délicats, en ce dernier cas, invariable malgré l'expérience et l'usage du monde.

L'image de Daphnis et Chloé résume tous ces sentiments immaculés, tous ces troubles de l'être, synonymes, qui rafraîchissent l'âme de douceur et la reposent des vilenies !

*****

« On ne saurait trop respecter l'innocence de l'enfant, écrit Juvénal, médites-tu quelque action dont tu doives rougir, songe à ton fils au berceau... »

Respecter l'innocence de l'enfant c'est entretenir son rêve et le prolonger jusqu'à l'éveil de la puberté qui façonnera son âme comme son corps, lui soufflera l'amour, les passions, ces deux tourmenteurs de la vertu.

On a beaucoup abusé de la Naïveté en Art, le plus souvent, l'ignorance usurpa ce charme de printemps.

C'est un fonds commun chez les hautes intelligences que cette aimable condescendance aux moindres puérilités sous prétexte de naïveté, les intelligences superbes aiment à se reposer dans l'oasis de défaillance des autres.

On s'appesantit en vérité, lourdement, sur une œuvre lorsqu'avec un bon sourire de critique on s'écrie : « c'est d'une adorable naïveté ! »

Cela n'équivaut-il pas à cet autre lieu commun qui consiste à s'écrier en manière d'opinion sur une œuvre : c'est un si bon garçon ! en parlant de l'auteur de cette œuvre !

Passe encore pour la naïveté des siècles passés si l'on veut, mais pourtant les primitifs étalent une scène étonnante, leur naïveté en tous les cas, nous cache bien le mystère du coloris et le précieux de la facture.

L'Art Egyptien plus monumental que déli-cat, prouve une naïveté plus certaine, faite de stagnation dans l'ignorance.

Sa nullité bornée aux canons, nous inté-resse rétrospectivement; elle nous en impose davantage encore par ses proportions gigan-tesques.

Mais cette naïveté aboutit à une uniformité et à une sécheresse qui ne nous laissent point à penser.

Que nous disent ces visages soi-disant énigmatiques parce qu'ils n'ont aucune ex-pression ? Rien.

Les sentiments de l'âme de tous ces mono-lithes sont parfaitement négatifs; ils ne respi-rent pas l'innocence, ni la bonté, ni la pudeur; leur exécution est trop superficielle : ils sont naïfs, soit !

Pareille observation pour les Japonais, qui rebelles à la civilisation européenne, ne doi-vent qu'à leur entêtement séculaire de garder leur air candide, original.

Mais comment qualifier la naïveté au siè-cle de la photographie, sinon de mensonge grossier ou d'insuffisance notoire !

La naïveté serait bête à en pleurer si l'on admettait les malins-naïfs dont tout le mérite consiste à rétrograder.

Certains graveurs sur bois n'avaient-ils pas imaginé il y a quelques années, de troquer leurs burins perfectionnés actuels; contre de vulgaires canifs pour en revenir à la naïveté des précurseurs ?

Lorsqu'un enfant commence à dessiner, la simplicité de son trait et de sa vision étonnent, il est naïf à son insu; mais, lorsque plus tard, il vient à savoir, naturellement, le charme des débuts s'évanouit, de même que la femme qui a conçu n'est plus vierge.

Rien d'insupportable comme les vieux enfants, leur naïveté n'est que du gâtisme et en matière d'affaires, les gogos ne sont jamais si naïfs qu'on pourrait le supposer !

La découverte sensationnelle de la photographie qui montre un document absolu, indiscutable, fixe la nature-type et dicte le respect d'un point de départ en Art, il n'est plus possible à cause d'elle de revenir en arrière, la naïveté est morte au profit de la science.

Inutile d'apprécier les méfaits de la photographie en art, par gratitude des services rendus en échange, la traduction de l'artiste n'est
point paralysée mais elle est ramenée à des
limites de vraisemblance, et nous voici débar-
rassés à jamais et sans regrets des chevaux de
Raphaël, de Van Dyck, de David, d'Horace
Vernet, etc., images franchement grotesques
tant elles étaient fausses !

En temps que sentiment de l'être, la naïveté
n'est point inséparable de quelque niaiserie,
au delà, naturellement de l'âge d'ingénuité.

Agnès, que dessina magistralement Molière
dans son *École des Femmes*, est la personnification de cette pureté féminine qui, sans songer à mal, par le fait de sa candeur même,
s'autorise de toutes les licences, de tous les
écarts de langage et d'imagination, auxquels
il est d'avance tout pardonné. Agnès résume
le type des vraies ingénues, c'est-à-dire des
âmes vierges à ce point, qu'on a pu dire « faire
son Agnès » ce qui signifiait alors feindre la
stupidité.

S'exprimer naïvement encore, c'est dire en
réalité, un peu bêtement, sans savoir discer-

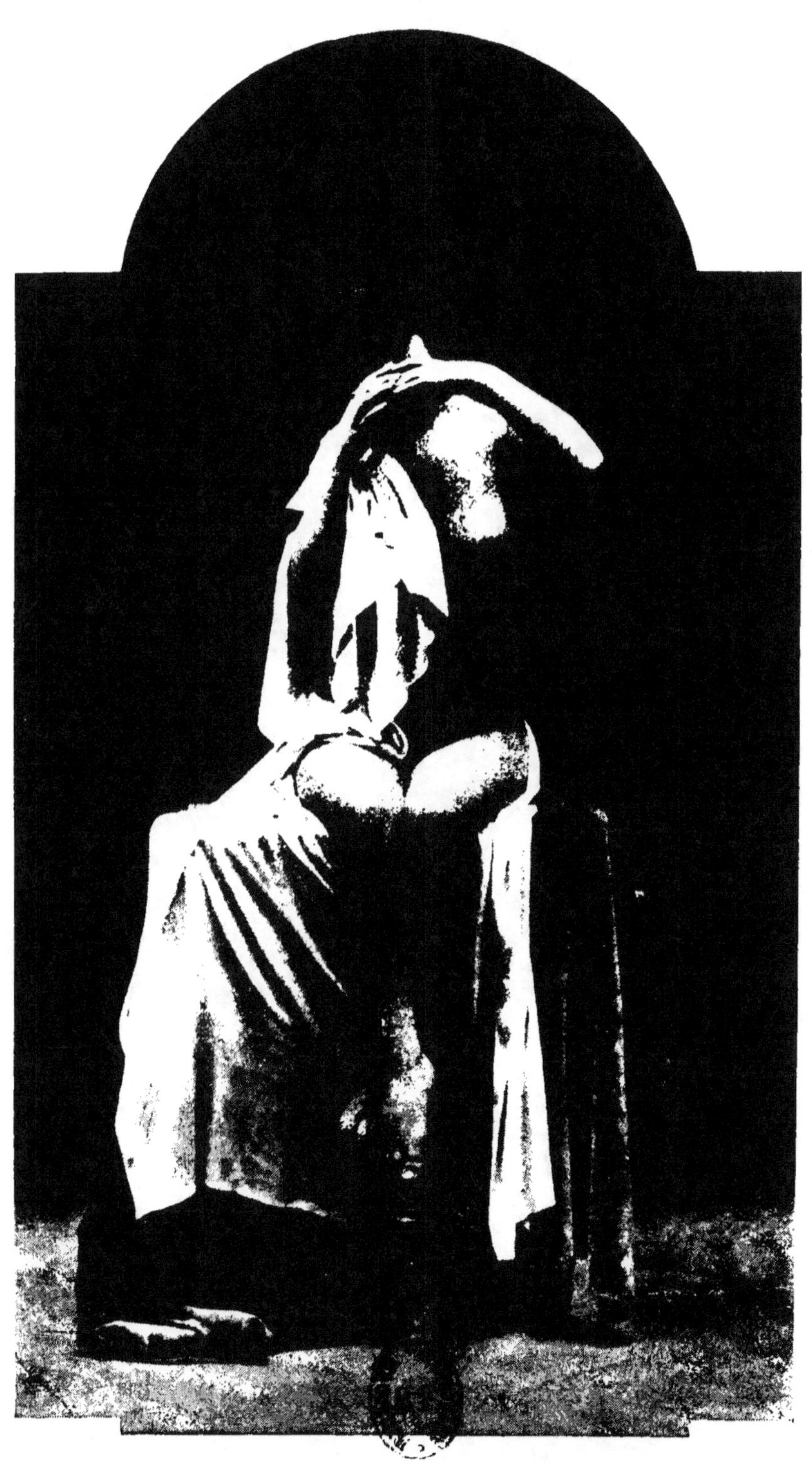

… Il cache le rouge monté soudain au front…

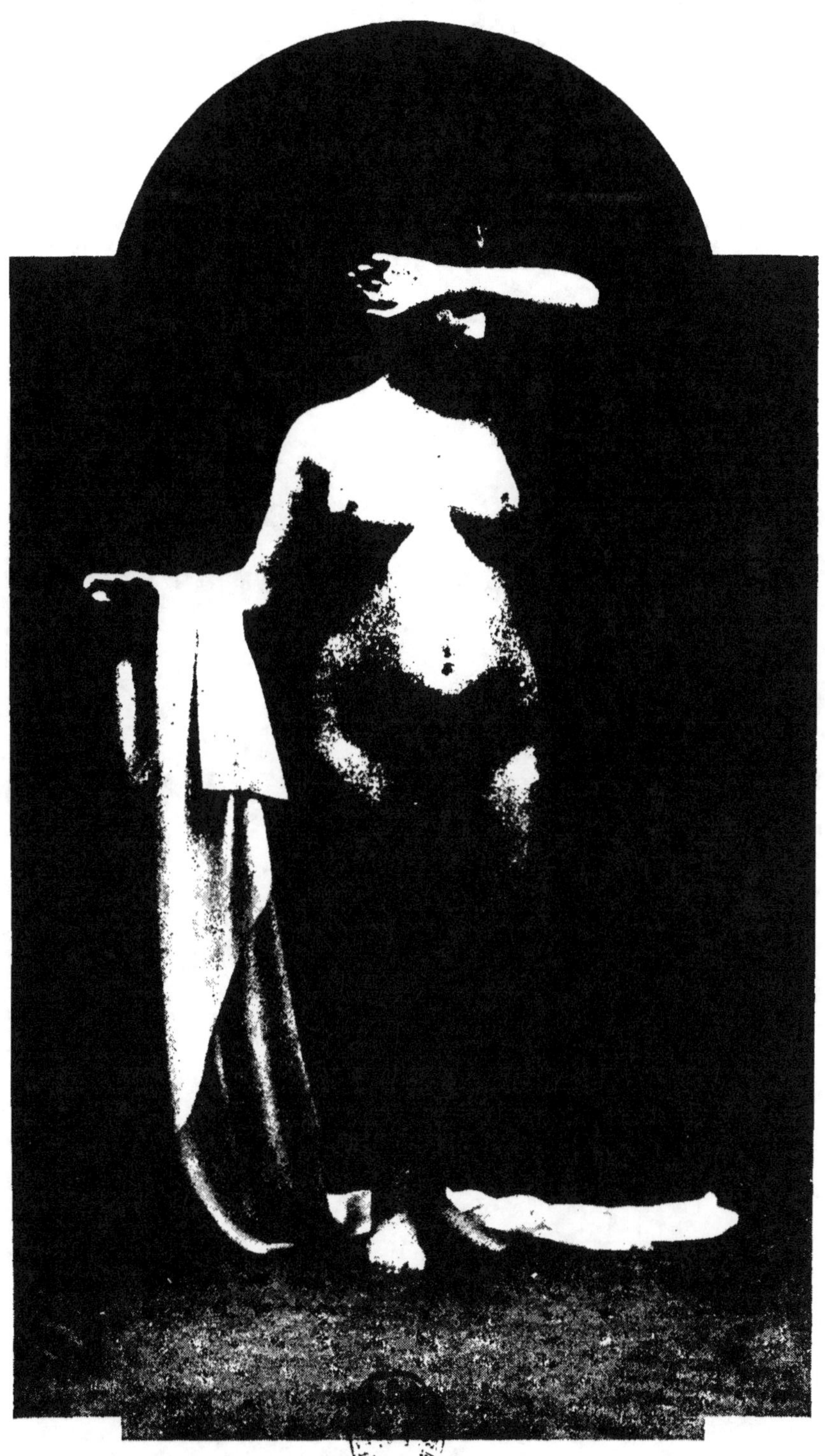

Vénus sortant de l'onde.

ner le bien du mal, c'est étaler une franchise sans éducation et commettre des maladresses inconscientes.

Voici pourquoi telle jeune fille qui découvre ses seins est naïve, à condition de ne point rougir pourtant, tandis que telle autre apparaît pudique dans ce même mouvement, si ses joues s'empourprent d'émoi.

La naïveté en art inspira le plus souvent une série d'images pleurnicheuses, attendrissantes à l'excès — sous l'Empire par exemple : Le *Chien fidèle*, la *Croix d'honneur*, le *Grand frère*, etc., et en général toutes les sensibleries à pendants, obtinrent un immense succès, dû à ce sentiment mélodramatique.

A-t-on assez abusé aussi de cet agrément si suggestif, de la pudeur naïve !

Bien fade en vérité le sentiment exposé par Greuze dans la *Cruche cassée* !

Mais le délicieux Fragonard, entre autres, tira un parti victorieux de ces saintes-Nitouches, qui exhibent parcimonieusement leurs charmes pour vous les faire déguster davantage.

Qui dira la perfidie amoureuse de ces poupées affriolantes mi-pâmées, dont les jambes fuselées apparaissent aguichantes, sous les mousseuses dentelles, chantant les trésors cachés plus à l'ombre, des moiteurs désirables, parfum de chair et de poudre de riz.

Ah ! tous ces seins dont le bout rosé jaillit du corsage sous couvert d'innocence, toutes ces croupes offertes sans y penser à la fantaisie d'une draperie ou d'une jupe malicieuse !

Certes la pudeur s'offenserait sans le prétexte candide, l'artiste attendait là l'hypocrisie du regard qu'il convainquit encore davantage par l'exécution magistrale, l'éloquence de l'avocat fait bien acquitter un coupable !

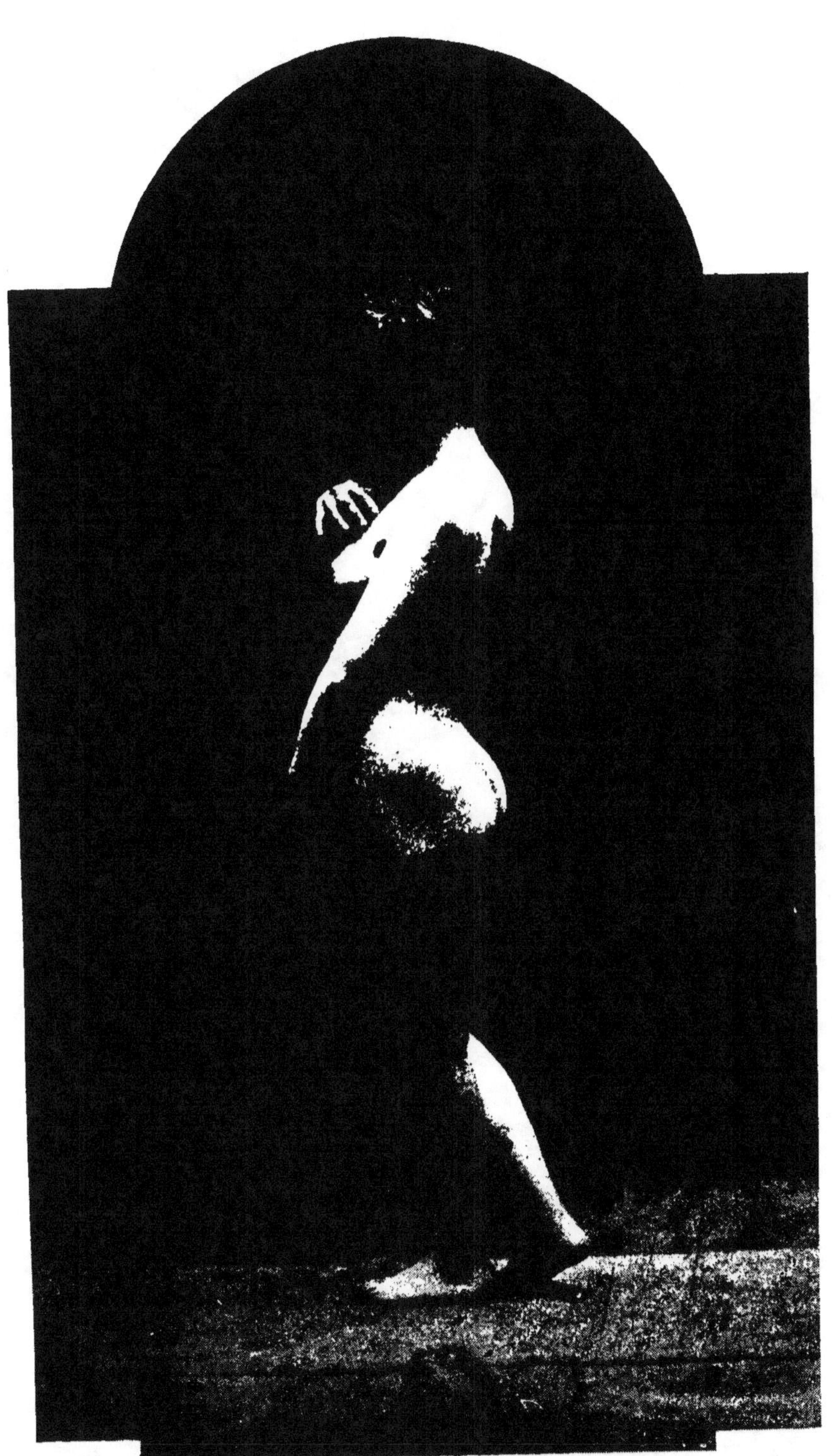

La Vénus de Médicis.

CHAPITRE IV

LA PUDEUR ET L'AMOUR

> « La vraie pureté est celle de l'amour ! »

Les sens, en s'éveillant, préviennent l'âme d'un mystère dont la curiosité fait rougir, et tandis que les vierges cachent, inquiètes, l'éclosion de leur sexe, l'homme bondit, les narines ouvertes éventant la chair en fleurs à laquelle il veut mordre; contre ses muscles puissants le mâle immolera la vierge, excité de cette défense, de cette pudeur irritée qui rend les lèvres neuves plus ardentes à son désir d'assouvissement.

Le printemps en s'étirant du sommeil de

l'hiver, chante ce rut à l'oreille de la vierge frémissante, les parfums grisants vagabondent hors les fleurs, les bourgeons aux branches éclatent étoilés et, sous son corsage, la vierge sent à ses seins gonflés, le même bourgeon éclater en étoile...

Vite elle s'enfuit au grand émoi des grillons épars dans la prairie, car la pudeur avertit l'innocente d'un danger inconnu...

Les artistes ont parfaitement rendu l'alarme féminine : yeux baissés, front pur, cheveux aux ondes calmes ou en bandeaux, bouche mi-close, pureté agréablement conventionnelle de l'âme qui dort, alors que la beauté provoque, légitimant le désir sans lequel la pudeur est vaine.

Les créations mythologiques des Grecs, Dianes, Muses, Déesses, etc. portent toutes la même empreinte angélique, la même fraîcheur au teint et la grâce pareille qui est la beauté du mouvement.

Le décor chez les peintres est simple, en rapport avec le sentiment primitif : ciel sans nuage, terrains en lignes sobres sur lesquels poussent les tiges élancées de plantes claires.

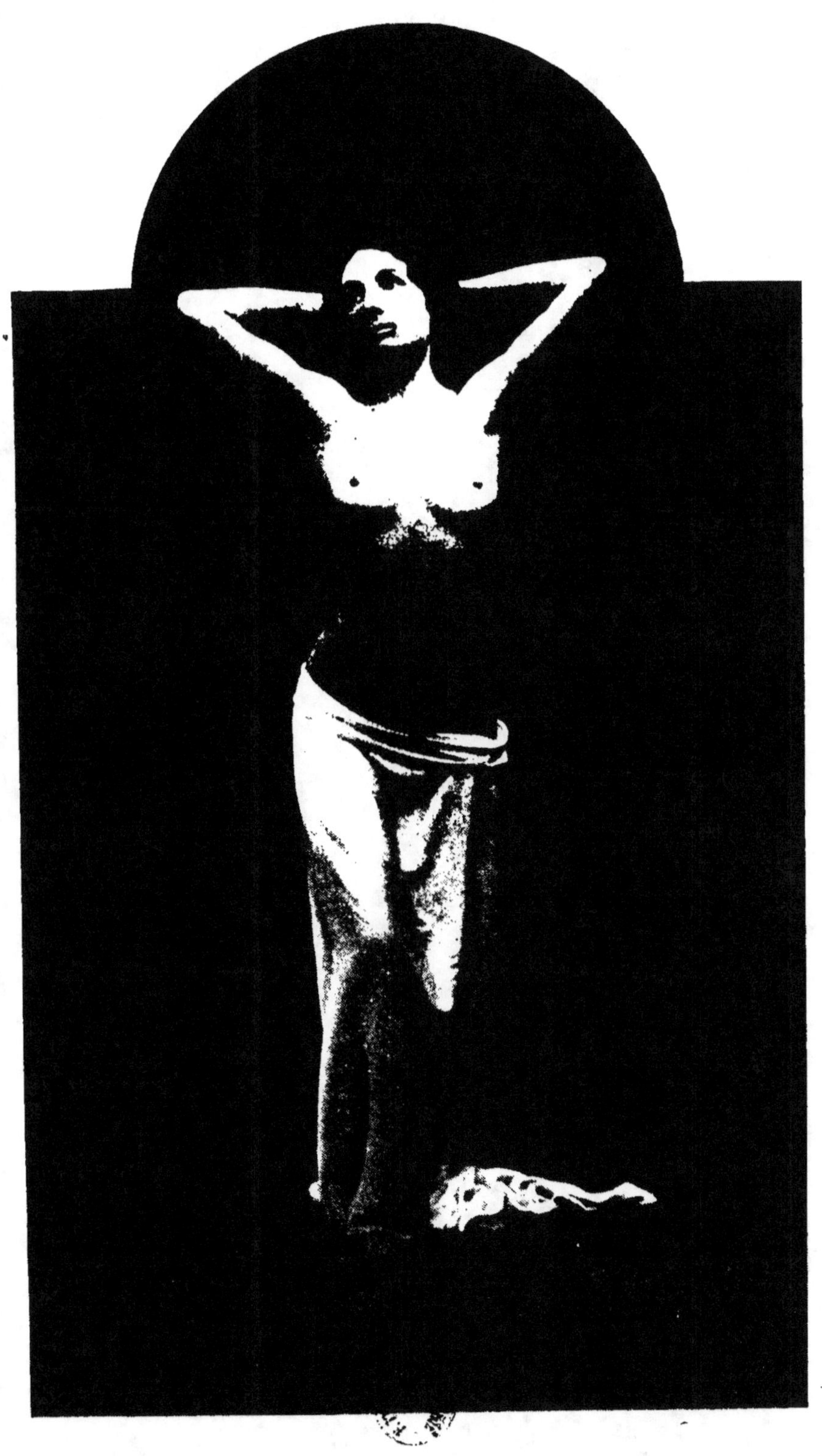

… par l'ingénieux relèvement d'une jambe…

Une source limpide encore, fuit dans le lointain, à moins qu'une gazelle aux yeux doux ne frôle le corps de la jeune fille vêtue de blanc, drapée au hasard de la brise.

Si le modèle est nu, les lignes de son corps seront à peine indiquées ; ce sont plutôt des charmes naissants que voudront dire ces membres fuselés, ce torse où les seins à peine mamelonnés fleurissent à leurs pointes.

L'harmonie de l'ensemble même, sera préférable dans l'estompe des gris, l'indécision de l'être doit être d'accord avec le mystère des choses, la mélancolie de la nature fait rêver davantage et le silence sied à la pensée inquiète.

La pudeur et la rosée aiment l'ombre ; toutes deux ne brillent au grand jour de la terre que pour remonter au ciel.

Que cette figure d'innocence surtout, se meuve sans geste, presque, la gaucherie de l'attitude justifie mieux le sujet stylique ; elle sera souriante car, selon Droz « des pensées habituellement élevées, toujours sereines et quelquefois rêveuses, donnent à l'âme la gaieté pure et vraie ».

6.

La même scène chez l'homme serait ridicule; elle ne vaut guère que sous titre d'idylle, de pastorale, à l'Adolescence.

L'aube de la moustache naissante est-le prélude du baiser.

Le jeune homme et la jeune fille alors jouent à des jeux innocents, mêlant leurs charmes, sans gêne, avec l'indifférence chaste des ignorants de l'amour.

Car tous deux ressentent seulement une joie ineffable à frôler leur chair; silencieux ils écoutent battre leurs cœurs, et la chaleur qui monte des végétaux et de la terre, sous l'ardeur du soleil, irrite leur sexe dont ils ne savent pas l'étroite et douce combinaison.

« Le nouveau besoin qui se fait sentir à lui, produit dans le jeune homme un mélange d'audace et de timidité, parce qu'il sent tous ses organes animés d'une vigueur inconnue; de timidité parce que la nature des désirs qu'il ose former l'étonne lui-même, que la défiance de leur succès le déconcerte.

Dans la jeune fille, ce même besoin fait naître un sentiment ignoré jusqu'alors, la *pudeur*, qu'on peut regarder comme l'expression détournée des désirs ou le signe involontaire de leurs secrètes impressions ; il développe un ressort qui ne s'est fait encore sentir qu'imparfaitement, la *coquetterie* dont les effets sembleraient d'abord destinés à leur prêter et en tirer, à son tour une puissance nouvelle. » (Cabanis. — *Du physique et du moral de l'homme.*)

La pudeur a sa fausseté, et le baiser son innocence, écrivit justement Mirabeau, le baiser savant davantage amoureux, n'est pas le fait de l'amour inné, le baiser innocent se donne sur les joues ou le front, rarement il s'écrase sur les lèvres.

Le baiser sur la bouche prouve un enhardissement d'une volupté consciente.

Quant au sommeil de l'innocence résumé en le calme angélique de l'enfant qui dort, c'est la sérénité, une abstraction imposante si près de la mort qu'elle attendrit.

Tout doit se taire à l'entour de l'enfant endormi, combien le visage à cette heure s'imprègne de poésie, de repos et de beauté !

La nudité de l'enfant n'est jamais impudique, les mères aiment à étaler avec orgueil le trésor de leur chair, sans voiles, tel qu'il naquit, tout rose avec ses cheveux d'or et ses yeux bleus reflet du ciel.

La contemplation du baby gazouillant, éveille le baiser maternel de volupté sacrée, la caresse de la mère porte une jouissance égoïste, un allégement aussi à la douleur de la conception, on sait gré à l'enfant de l'étreinte féconde qu'il rappelle, ce fruit de l'amour poétise la passion charnelle.

Le spectacle de la grossesse, seul, outre sa laideur, pourrait justifier d'une certaine réserve pudique. Non de la honte, certes, bien au contraire, mais n'y a-t-il pas un peu de cynisme dans cette vanité maternelle prématurée qui consiste à étaler un gros ventre, disgracieux en dehors du symbole.

« En effet, comment la plus immodeste des femmes distinguées, oserait-elle se montrer enceinte, et promener ce fruit caché, accusateur public ?

« O Lord Byron, toi, qui ne voulais pas voir les femmes mangeant !... » (Balzac) *Physiologie du Mariage.*

Lucrèce a remarqué que les enfants avaient

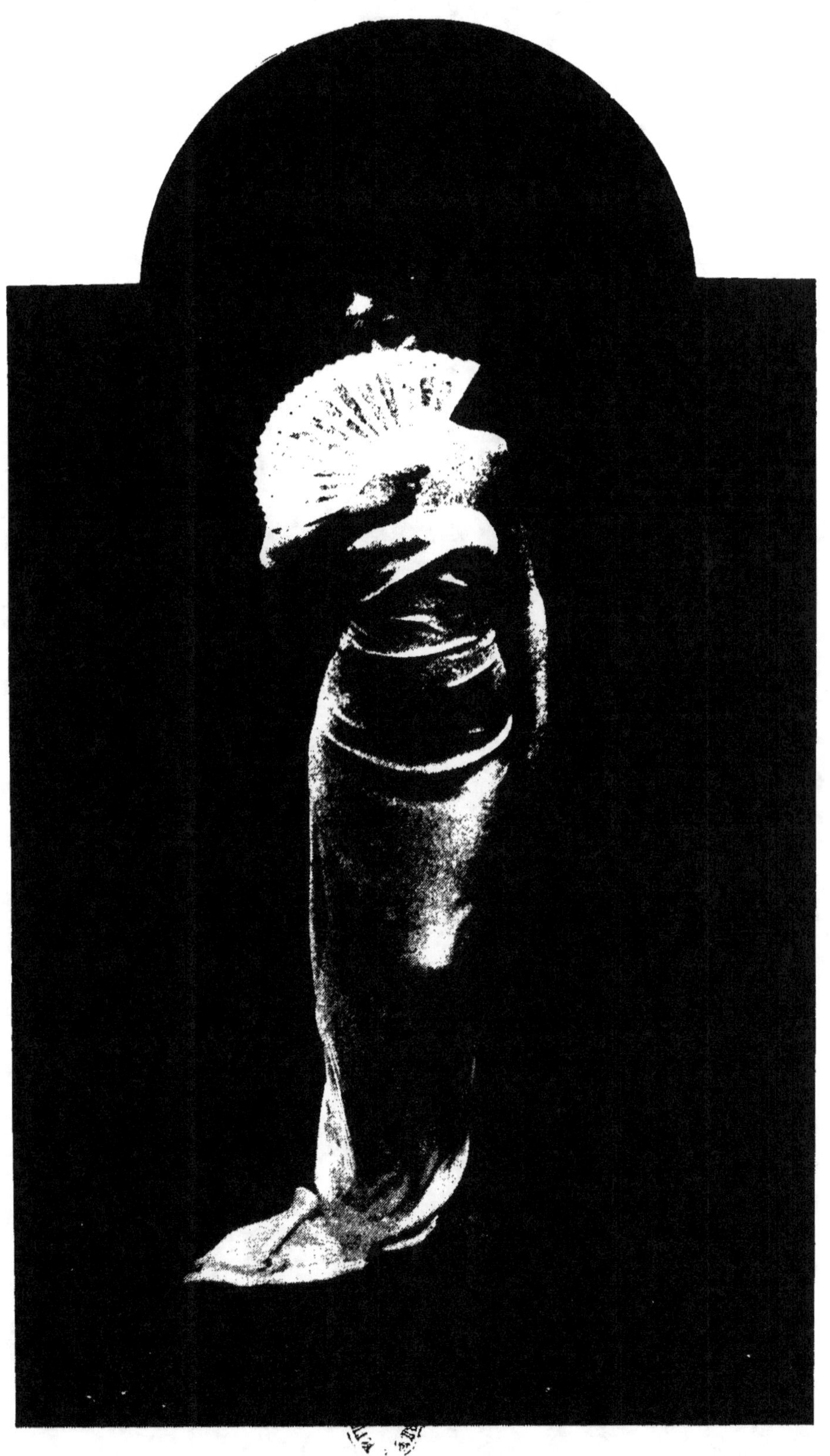

... l'âme abritant son émoi...

contribué, par leur faiblesse même et leur fragilité, à l'adoucissement des mœurs humaines, à ce sentiment de leur propre fragilité qu'elles éprouvent à un si haut degré dans la pudeur et qu'elles ont pu, en partie, communiquer à l'homme.

Les enfants que nous montrent notamment, Rubens et Raphaël étonnent par leur forme massive, par leur rotondité ; ils personnifient davantage Eros, puissant, malicieux, prêt à blesser le cœur de ses flèches aiguës.

L'organe sexuel de ces enfants-là, s'accuse en proportions déroutantes, Hercule enfant toujours plutôt qu'Amour, ils représentent un troisième sexe, admirablement fixé dans l'art, du côté pittoresque.

Chez Boucher même personnification hybride, pareille envolée de joues et fesses potelées et, enfants si peu, d'innocence si douteuse lorsqu'elle n'est pas franchement perverse, ils ressemblent plus à des gamins vicieux qui feraient l'école buissonnière du sein !

La vierge de Murillo est plutôt entourée de lutins grassouillets que d'enfants ailés.

Les amours traduits par les artistes actuels, ceux de M. W. Bouguereau entre autres, sont davantage des enfants, souvent même, la presque vérité de l'amour-mâle offensa certaine pudeur. En Amérique notamment maintes fois, une rigoureuse banderolle vint à l'insu de l'artiste défigurer sa composition.

On se demande, en réalité, si la mutilation de tels censeurs ne prouve pas chez eux, une immoralité intense !

Parlons maintenant, de l'Amour platonique ou céladonique selon l'école fouriériste, au point de vue strict, pour nous borner à notre cadre, de la pudeur et de l'innocence.

L'amour, d'après Platon, commencerait par le réel pour finir dans l'idéal ; l'amour terrestre est le premier degré de l'initiation à l'amour, l'amour céleste en est le but !

Ce qui résumerait en somme le parfait amour.

S'interdire la possession et la jouissance de l'objet aimé, affirme nettement une pudeur exceptionnelle ou des scrupules de timidité bien surnaturels, à moins que cela ne soit seulement qu'impuissance ou préoccupation de haute littérature.

Chez les jeunes gens, l'amour platonique marque le début de leur désir vénérien, maladroitement, craintivement ils enhardissent leur pudeur au contact de la femme, ils trouvent l'excuse de l'éloquence de leurs assauts à cet amour pur, seulement, à cause du résultat nul.

Ce sont les bagatelles de la porte auxquelles ils se complaisent gravement, en attendant qu'on veuille bien les agréer.

Faire sa cour c'est rééditer à un autre âge, l'amour platonique, ici c'est le respect de la vierge qui borne le désir et le poétise, la crainte d'un viol moral et physique, l'attente délicieuse d'un plaisir charnel dont on distille dévotement l'assouvissement futur, puisque l'usage et les convenances le veulent ainsi.

La même retenue de l'adolescence se retrouve chez le fiancé, l'homme qui fait sa cour revient à l'état de virginité, il exprime en vers sa flamme, sa virilité de la sorte s'auréole, il bégaye l'amour comme un néophyte.

C'est un sentiment de pudeur qui arrête encore le baiser du mâle, le mur de la pureté réfrène le rut, l'innocence implore la pitié et l'initiateur décevant — car l'acte de l'amour au début, est une déception — hésite à révéler soudainement la brutalité de la possession.

D'autre part, la vierge entretenue par l'éducation morale dans l'amour idéal, la fiction et l'ignorance de la procréation, est en général violée dans son âme et dans son corps par l'amant, vulgaire animal propre seulement à satisfaire ses sens.

C'en est fait de l'amour potelé et rose, plus de carquois en sautoir, effeuillées les roses idéales ! Le rêve de la jeune épousée s'écroule sous un baiser grossier, monstrueux tant la révélation en est subite, surtout que, si les sens de l'homme sont aiguisés par l'expérience, ceux de la femme comprennent et répondent plus tard seulement, à l'enlacement passionné des sexes.

Au seuil de la chambre nuptiale, la mère décemment, prêche la résignation et la passivité à sa fille, le cœur éprouvé prévient timidement l'innocence, cherchant une atténua-

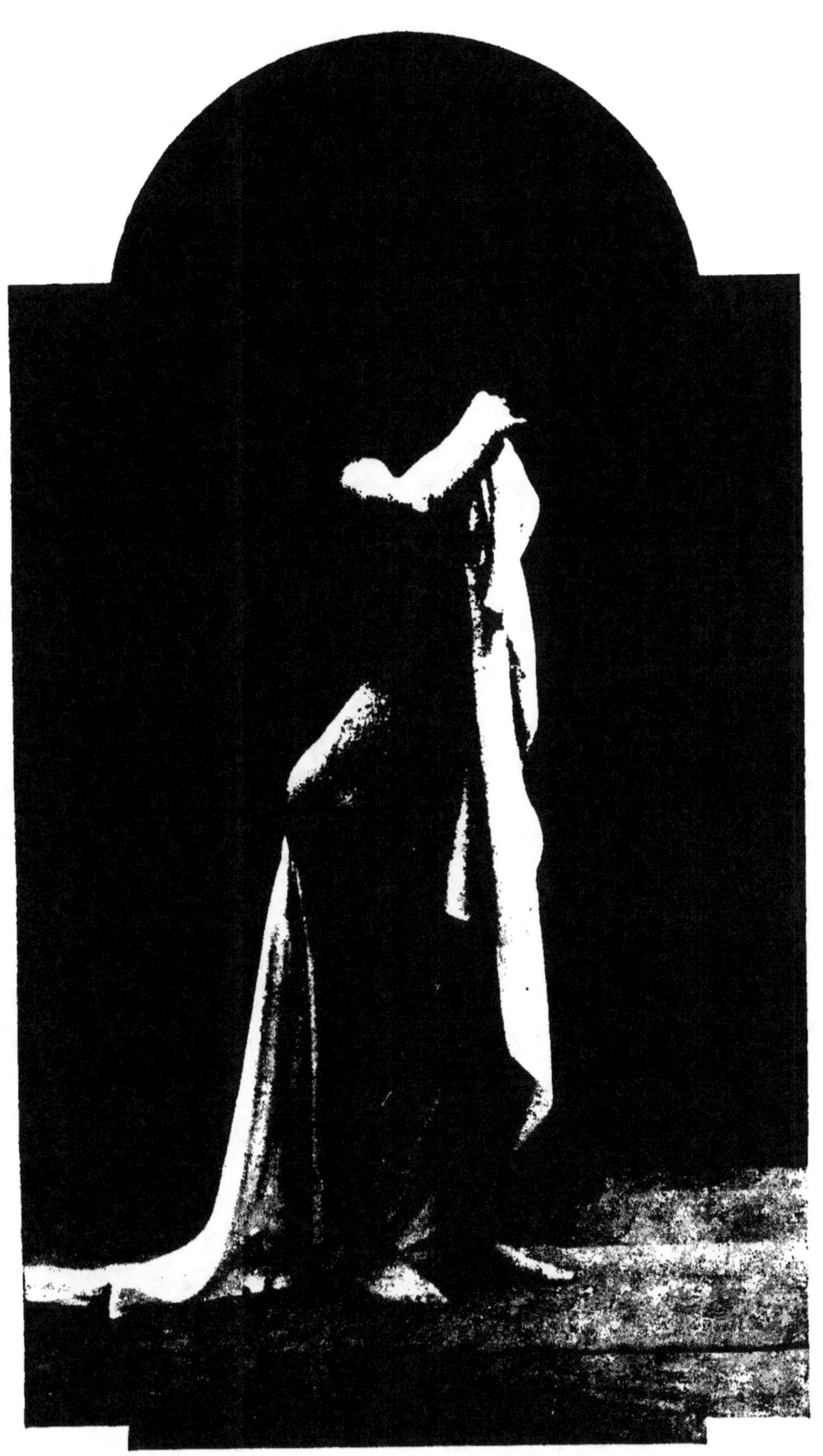

...le fait d'accommoder les parties nues...

tion par avance, à l'acte frénétique qui va s'accomplir sous prétexte d'amour.

Les paroles maternelles bourdonnent délicieusement aux oreilles troublées de la vierge rougissante, le plus souvent avertie, par l'émoi de son sexe et l'harmonie particulière de son corps, d'un complément physique à l'amour mystique qui chante en son âme des romances inachevées.

Cette même mère, encore, glissera dans le trousseau nuptial de sa fille, sous prétexte de décence, une chemise bizarrement impudique, c'est-à-dire échancrée où il faut, en vue du strict devoir conjugal.

Voici, en vérité, de la pudeur monstrueuse!

Telle la gourmandise apparaît idéale à cause du rassasiement délicat offert par des fruits dorés et des crèmes parfumées pour sombrer ensuite grossièrement, dans l'estomac, tel l'amour pur troque sa qualité idéale contre la fusion banale de deux corps en sueur.

Place maintenant à l'amour mystique qui nous montre une pudeur religieuse aussi ardente, aussi vive que l'amour terrestre, sut en inspirer !

En s'adressant à Dieu, la foi des croyants s'exprime avec une pieuse décence.

L'attitude de la piété donne illusion de l'innocence à tout âge.

Observez le visage d'une personne qui prie et vous serez surpris de la virginité peinte sur ses traits.

L'atmosphère du lieu saint et l'idée si noble de la contrition, métamorphosent semble-t-il les traits. Foi ou hypocrisie bigote, même silhouette vertueuse.

« La religion serait-elle comme on l'a dit, une partie du sexe de la femme ? »

Le mystère quel qu'il soit, au reste, justifie l'innocence, le visage souscrit d'avance à l'émoi intime qu'il reflète et la croyance n'est bercée que sur des partis pris de conscience plutôt.

Le rêve des enfants et celui des vierges se repose sur les mêmes fleurs d'illusion, le charme de l'ignorance naïve est rompu seulement au cours de la vie et, la mort seule jugera si l'espoir des âmes religieuses fut innocent ou naïf.

De toutes façons, l'image physique est étrangement identique.

L'autorité encore, impose une pudeur. L'homme si fort de caractère soit-il, baisse la tête devant l'apparat de la justice, par exemple, c'est une autre pudeur que celle éprouvée en présence d'un grave compte à rendre !

La pudeur du langage là est en harmonie avec l'attitude, c'est un mélange de résignation et de remords en face de la conscience.

Dépouiller toute pudeur signifie s'affranchir de toute moralité, faillir au respect de soi-même et des autres, c'est se laisser glisser vers toutes infamies !

« Quant à la pudeur du respect humain, elle tient le milieu entre l'impudence qui brave tout, et la timidité qui nous paralyse. Quand on ne se préoccupe jamais de l'opinion quelle qu'elle soit, on est impudent ; quand on s'effraie sans discernement, de toute opinion, on est timide. Mais l'homme qui a le respect humain et la vraie pudeur ne s'inquiète que du jugement des hommes qui lui semblent honorables (Aristote). »

Par extension on a pu dire la pudeur des lois, et Louis Blanc emploie ce mot d'une manière imprévue bien qu'heureuse dans la phrase suivante :

« Grâce à tant de milliers d'exemplaires, volant de mains en mains, le public étonné pénétrait ces mystères du greffe qui sont la *pudeur des procédures.* »

A propos de *Richelieu et la Fronde*, Goncourt critiquant l'œuvre de Michelet écrit : « ... En ce livre déshabillé, plus de couronnes de lauriers, plus de manteaux fleurdelisés, plus de chemise même. Les hommes y perdent leur piédestal comme les choses y perdent leur pudeur... »

On sent que l'écrivain, dans sa pensée en rédigeant ces lignes, a réellement déshabillé quelqu'un, pour mieux peindre son image, *plus de couronne, plus de manteau, plus de chemise...*

L'idée ici, devient l'esclave d'une chose, de même qu'une femme âgée, par exemple ne saurait pudiquement se vêtir comme une jeune fille, à cause du symbole virginal.

On doit avoir la pudeur de la fortune mal acquise comme la honte d'une plaie ; taire ou cacher une chose désavantageuse c'est avoir le talent de son intelligence, c'est rougir dans l'ombre de soi-même et flairer la faillite de son « moi ».

De toutes manières, le sentiment pudique aime le mystère.

On a raconté l'histoire curieuse de cette grande dame déchue obligée de se défaire, un à un, de ses portraits de famille.

La dame disait à chaque acquéreur, à voix très basse, comme confuse : « Surtout, vous savez, je vous vends ce tableau à une condition... ce sont mes aïeux... alors je désire qu'ils ne sortent d'ici qu'à la nuit tombante ».

Sentez-vous la délicatesse de cette dame qui ne voulait pas que ses aïeux se vissent sortir de chez eux !

Voici encore un cas original de pudeur morale. Un jeune artiste peintre, prématurément nommé chevalier dans l'ordre de la Légion d'honneur, rend visite pour la première fois à l'un de nos peintres les plus éminents.

Le Maître dont les cheveux grisonnent, fait le meilleur accueil à son jeune confrère. Tout à coup, ce dernier s'aperçoit, non sans trouble, que le Maître et lui portent une décoration identique, alors, dans un mouvement d'instinctive pudeur, le jeune confrère cache de sa main gauche, sans mot dire, sa décoration... prématurée et, il ne peut se départir durant l'entretien, de ce geste en rapport avec ses paroles déférentes.

Généralement, on retrouve sa pudeur en présence des évocations ou actions nobles ou belles, on se fait alors devant elles humble et modeste.

La dignité, encore, est la pudeur de la pauvreté.

La chasteté en amour chez l'homme comme chez la femme, entretient le désir de même que le contraire entraînerait la satiété et le dégoût.

Mieux vaut, n'est-il pas vrai, découvrir un à un les charmes de l'aimée que d'être soudain enflammé par la révélation de tous à la fois, l'habitude, encore, d'un plaisir des yeux ou des sens, calme la passion.

Les fleurs qui composent un bouquet n'ont point toutes le même parfum, chacune offre une griserie différente, l'odeur d'ensemble du bouquet est impersonnelle.

Alibert a écrit sagement : « la femme retient par sa modestie l'homme qui la protège par sa puissance. Il importe qu'elle maintienne dans sa vie intérieure tous les avantages de la loi des obstacles.

Elle doit étendre sur tous les charmes dont il a plu à la nature de l'embellir, ce voile religieux qui la couvrait lorsqu'elle fut introduite dans le temple de l'hymen ; elle doit rester pure jusqu'à son dernier jour.

La décence et la retenue sont la coquetterie du mariage. »

Quant à l'amour chevaleresque, son impétuosité et son détachement de la chair lui réservent une place à part, l'audace du mouvement qu'il inspire est presque de la belle impudeur car le dévouement d'un cœur noble éclate bruyamment, il viole la quiétude de l'amour, il se résume en un geste large et tapageur.

Mais, dans tous les arts il faut toujours donner le plus haut ton, attendu que la corde baisse sans cesse d'elle-même, l'exagération donc d'un sentiment, répond davantage à la juste expression, voici pourquoi, souvent sous prétexte de naïveté, de candeur, d'innocence, les artistes nous montrent des visages de parfaite imbécillité, de niaiserie, c'était l'écueil de la tranquillité de l'âme, rendue au moyen d'yeux atones et du geste gourd.

L'idée d'une musique naïve évoque le charivari d'une musique de sauvages, on ne s'imagine guère *a priori* la pudeur et ses succédanés, autrement exprimés qu'au moyen de la traditionnelle « bécasse » effeuillant une paquerette.

L'exagération des sentiments pour mieux les faire saisir, tient du Théâtre, qui n'existe que par les effets tranchés, ignorant des demi-teintes parce qu'il est fugitif comme des tableaux qui passent !

Les affiches, sur les murs étalent impudiquement leurs tons criards, l'œil est frappé

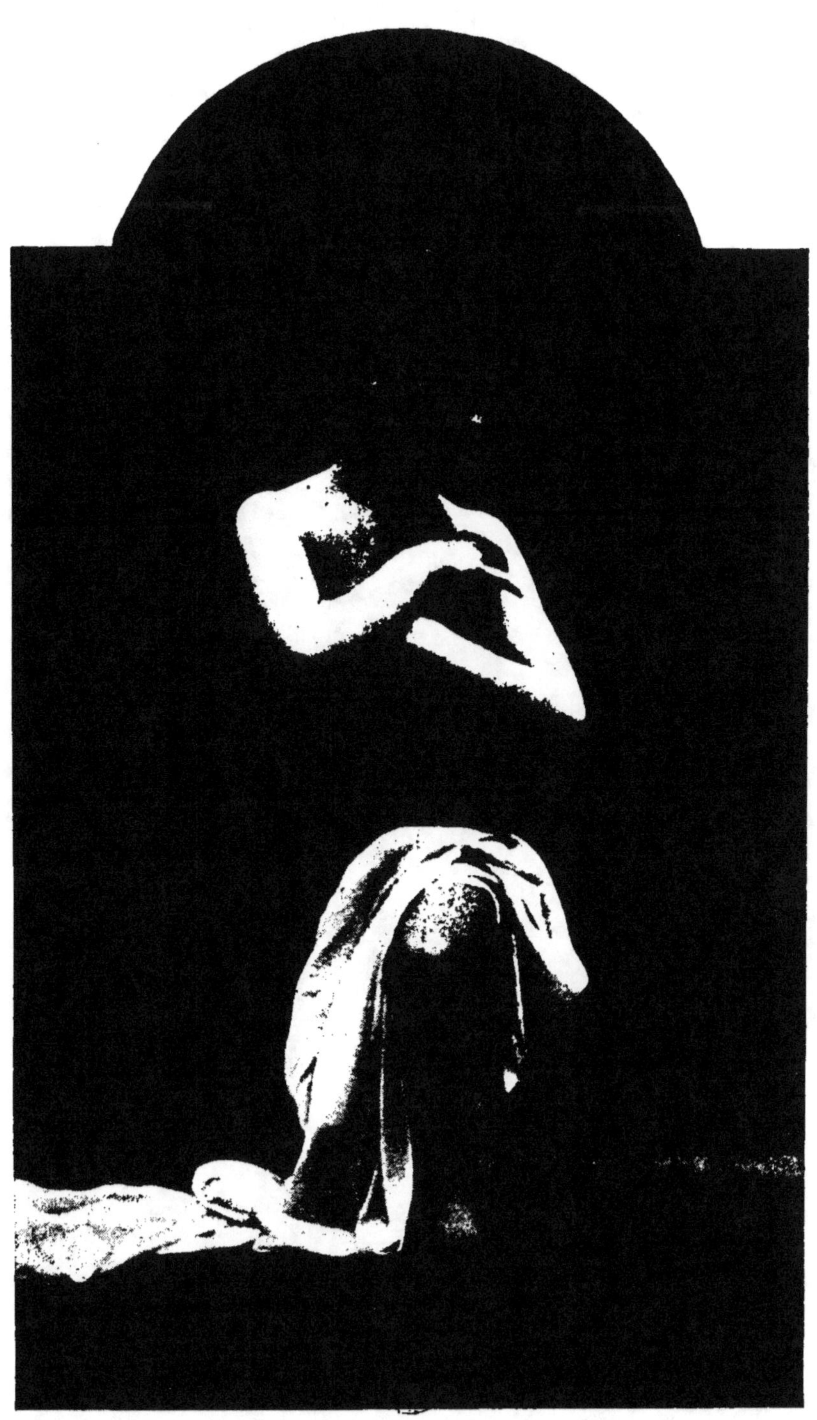

La Chasteté.

davantage par le coup de poing de la couleur vive.

Si la pudeur est fade et chlorotique, d'une nullité blanche à traduire, les mouvements de puissance, d'harmonie vive, en art, portent les mêmes tares de grossissement ; non seulement un Hercule sera musclé mais l'artiste ne craindra pas de lui ajouter encore des muscles !

L'onde claire du fleuve, se trouble en sortant de son lit comme la sérénité d'une âme s'altère en se répandant dans le monde ; la vulgarisation d'un émoi intime et fugitif devait perdre de sa fleur entre les mains du traducteur.

La délicatesse est à l'esprit ce que la saveur est au fruit, l'intangibilité, l'impalpable, demeurent des utopies.

V

LE BAISER ET LES VOILES

Mais suivons la pudeur objective de l'amour.

Au contact du baiser, la vierge frissonne, son corps sous l'étincelle électrique du fluide d'amour s'embrase, son front s'incendie ; les vestales auprès du feu sacré devaient avoir les mêmes joies incandescentes — la virginité rougissante ne pouvait se réclamer de plus poétique origine.

Les fleurs artificielles de la pudeur, elles, sont représentées par le flirt, ce mensonge, de l'amour.

Comment certes, effeuiller plus misérablement les roses qui parfument le cœur, que sous le vain prétexte du flirt, équivalant déguisé de la défloraison.

Chez l'enfant conçu de parents âgés, on observe un amoindrissement du charme d'innocence comme chez le nain qui n'est ni homme ni enfant — physiquement et moralement. La fraîcheur fait étrangement défaut là même où naturellement elle devrait se trouver.

Les « petits vieux » seraient le fruit de l'amour sénile. Le flirt fane également l'illusion de l'amour par son hybridité ; il donne le change à l'innocence avec un front d'impureté, il fait une brèche à la pudeur qui ne se voile qu'incomplètement, de même que l'impuissance des vieillards attente à la pudeur qu'elle macule, sans aller jusqu'à la défloration physique.

Le flirt est le jeu de dupes de l'amour.

La chaste Suzanne au bain, triompha du flirt des vieillards, qu'elle exaspéra doublement par sa triomphante pudeur.

Les artistes ne manquèrent pas de traduire maintes fois, cette scène pour son contraste piquant.

Cet assaut des rides contre les fossettes, la peau tannée faisant pendant à la chair en fleur, trouvèrent leur séduction encore dans des luttes de nymphes avec des satyres. Ce Printemps et cet Hiver pouvaient-ils s'accorder ?

L'amour passionné lui, naît de la franchise admirable de deux ardeurs égales, impétueux et désemparé il possède dans la joie.

L'écho de ce baiser où cœurs et corps se fondent délicieusement, ne résonne point d'innocence puisque, seul, l'amour savant peut entretenir sa flamme.

Il ne s'agit plus maintenant du baiser innocent que la petite fille donne pareillement à sa mère et à sa poupée, ce n'est pas davantage le baiser troublant après l'aveu, c'est un corps qui s'offre parce que l'on sut frapper sensuellement au cœur.

Pourtant le pape Alexandre VII voulut bien reconnaître que ce n'était pas un péché véniel de recevoir un baiser pour le plaisir charnel et sensuel, source du baiser même, « pourvu qu'il n'y ait point de danger de consentir à quelque chose de plus et à la pollution. »

Dans la *Kermesse* de Rubens les groupes de danseurs frémissent de passion mal contenue, leur impudeur ne recule devant aucun geste, tandis que les bouches entr'ouvertes échangent leur mystère.

Nous ne pensons pas qu'ils aient consenti « à quelque chose de plus » ni d'ailleurs à quelque chose... de moins.

On a écrit fort justement qu'une femme qui donne ses lèvres se livre tout entière. En effet, Jupiter métamorphosé en cygne nous donne la sensation de posséder Léda lorsque les artistes nous représentent les lèvres roses de la femme unies au bec d'or de l'animal.

Le baiser profond est d'éloquence suggestive ; au reste, le viol de l'intimité de la bouche correspond à un autre accord indiqué par l'harmonie de l'amour.

Le lys blanc ferait piètre figure, on l'avouera, à côté de cette satisfaction des sens, à côté de ce repas de chair ; ce sont des roses rouges au ton violent, des œillets à l'arome irritant, poivré, qui doivent accompagner de leur symbole, ce renoncement de la pudeur.

La fleur de l'oranger, maintenant fait place à une orange !

« Gardez qu'à nul homme vous ne laissiez mettre la main en votre sein, fors à celui qui y a droit. Sachez que celui qui le premier inventa les épingles, le fit pour que nul ne mît sa main au sein de femme où il n'a droit et qui épouse ne lui soit. Celui-là peut la mettre sans forfait qui du surplus fait son plaisir.

Quand il le voudra, bien le souffrez : obéissance lui devez comme les moines à leur abbé.

Pour cela fut le sein couvert, que nul autre n'y doive mettre la main. Celui-là à qui femme laisse ses mamelles nues sentir, et sa chair tâter en haut et en bas, elle ne refuse pas le surplus. Comment se peut-on plus échauffer que par tâter ? et quand est fait échauffement, si lieu est, le surplus se prend. »

Ces doctes recommandations empruntées au *Chatiesment des dames* (Poème moral de Robert de Blois) mettent suggestivement en garde encore, contre un préambule évidemment dangereux : après les lèvres, les seins, le geste de la bouche après celui de la main tous deux enveloppants à leur manière.

Avant le baiser lèvres contre lèvres, voici le vol du baiser, au bout des doigts, dans la grâce du geste d'un bras rond.

C'est la télégraphie de l'amour chaste, une caresse idéale portée sur les ailes de l'imagination jusqu'à l'aimé, une obéissance impulsive à la spontanéité du cœur, dans le calme et la douce chaleur de la pensée d'aimer, qui ne sait pas rougir.

Cachées derrière les lames propices de leurs jalousies, la maîtresse satisfaite d'amour ou bien la jeune fille à l'aube de son caprice, envoient des baisers comme si elles semaient des fleurs sur la route de l'amant ou sur celle du fiancé.

Observation curieuse : les baisers de ces deux femmes signifient la même innocence, puisque l'un est forcément candide de ne pas savoir et que l'autre qui sait, se refait une virginité à la faveur d'un geste innocent.

Moins innocent en vérité est l'émoi de Rachel dont parle admirativement saint Ambroise : cette sage fille qui se prit à verser des larmes aussitôt que Jacob lui eût estorqué un baiser, larmes qui ne cessèrent de couler, paraît-il, que lorsqu'on lui eût assuré que Jacob était son proche parent et cousin.

Il est vrai que les pieux auteurs vinrent même trouver à redire au pur becquetage des pigeons « ces oiseaux que l'antiquité païenne a consacrés à l'infâme Vénus ! »

Le baise-main, encore, reflet d'une grâce surannée, demeure un geste délicat pourvu que la main soit douce à des lèvres jolies.

Cet effleurement du baiser, à l'épiderme, inspire étrangement à l'homme le respect, tandis qu'il rappelle la femme à la pudeur — l'émotion des deux est distinguée.

De même, le regard insistant de l'homme qui fait baisser les paupières de la vierge, semble une caresse à son être, si douce, qu'elle rougit à la pensée de cette presque réalisation de l'amour possessif.

Le frisson du printemps dont parle le poète, n'est autre qu'un désir éclos à la caresse du soleil.

La chaleur ravive les cœurs et, les petits oiseaux dans la tiédeur du nid, sentent croître leurs ailes pour s'élancer dans la nue.

Le baiser de la nature exprime l'idée fé-

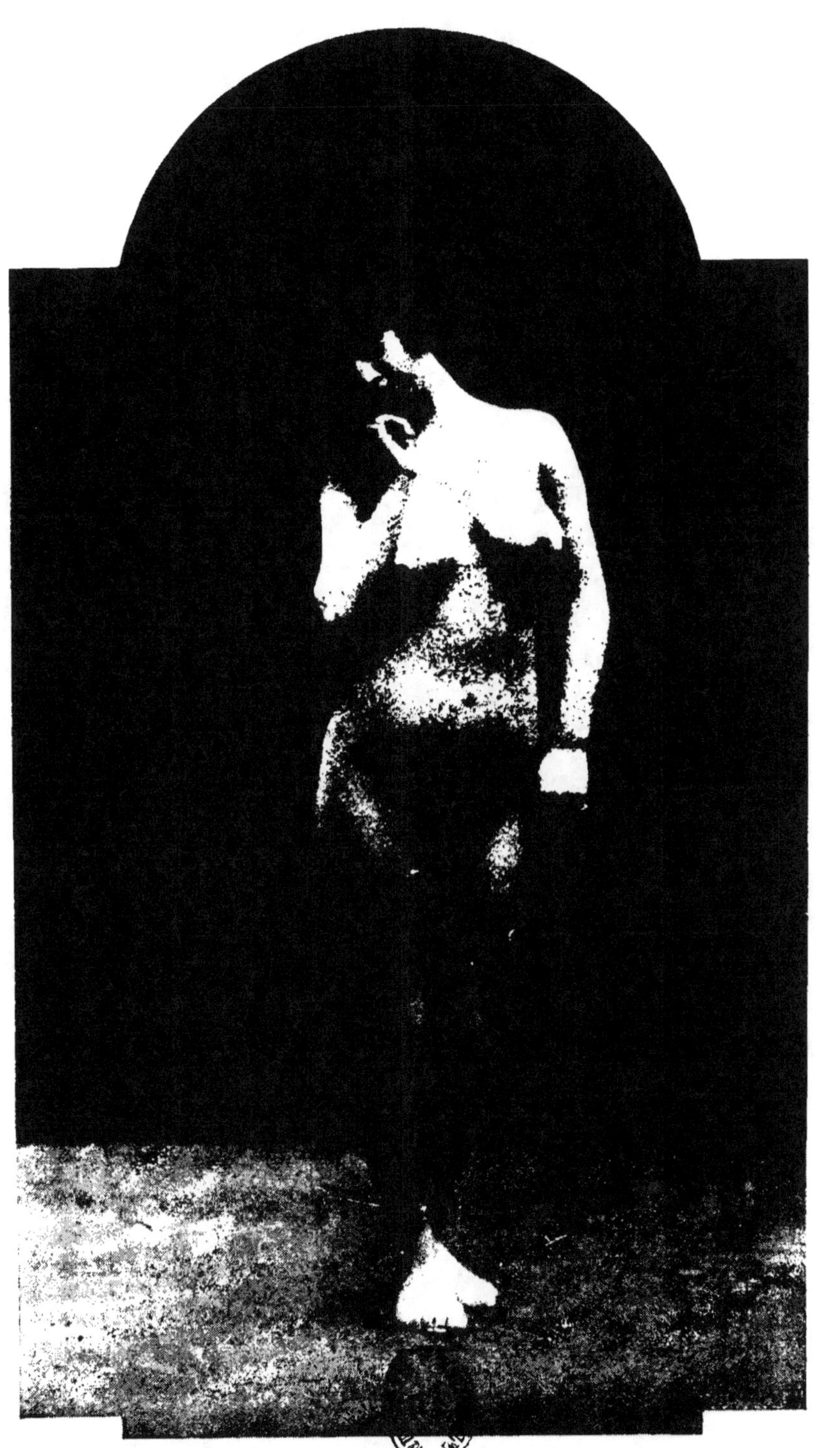

L'Ingénuité.

conde de l'amour enfermé au sein de toutes choses, c'est le parfum des fleurs dont le pollen engendre, c'est la terre et l'eau, c'est le ciel d'où naissent les êtres, fruits de toutes les étreintes, de tous les baisers, âmes de toutes les pensées !

L'accolade, elle, ressemble au baiser chevaleresque par le mouvement symbolique, elle signifie aussi le baiser protocolaire, dont elle est à la fois l'ombre et le souvenir, l'expression sèche : c'est l'embrassade guerrière d'homme à homme ou le baisement religieux, un peu ridicules sans la signification emblématique.

Les vieillards encore, revivent leurs amours dans la platonique accolade que chanta Béranger :

> Dans une accolade bien tendre
> Nous mêlerons nos cheveux blancs.

Le papillon qui prend ses ébats sur une fleur dorée, ressemble au baiser déposé sur une nuque blonde. Près du cou, à travers les frisettes vermeilles, ce baiser cherche sa place, longuement, à tâtons des lèvres, il se grise de l'odeur musquée qu'exhale le corps moite de l'aimée, tenue en haleine d'amour.

C'est une caresse pudique celle-là, tout au moins, détournée, enhardie finalement, car le désir s'impatiente, jusque sur les lèvres que l'on cueille lorsque la jolie créature se retourne à la fin, la tête renversée, pour voir celui qu'elle devinait, seulement, en sa pensée ivre de plaisir.

Les Anglais à la Christmas, prennent des baisers sous le gui, avec une hypocrisie aussi charmante chez celui qui donne ce baiser que chez celle qui le reçoit.

C'est la pratique annuelle d'un baiser conventionnel qui perd ainsi de son parfum pudique.

Souvent une musique voluptueuse incite à cette étreinte délicate, puisqu'il est une musique aphrodisiaque, par contre : impudique, à opposer à la musique sacrée !

L'une, accompagne la danse, c'est-à-dire qu'elle berce un accouplement distingué des deux sexes étroitement embrassés dont le désir amoureux s'irrite sans résultat, sous l'œil bénévolement amusé des mères attendries, l'autre, fait communier l'âme avec la prière, dans l'admiration d'un bruit idéal.

Certaine musique symphonique, même, affiche une volupté tellement imitative, qu'elle s'écoute comme on la verrait, perversement ; la faute en est à des dissonances raffinées, à une harmonie maladive, plus prenante, tenant davantage les nerfs en éveil.

Voici en revanche, la musique adoucissant les mœurs.

Nous lisons qu'Agamemnon avait laissé un joueur de lyre à Clytemnestre, son épouse, pour chanter devant elle sur cet instrument, les vertus des anciennes femmes illustres et « afin de la divertir de toutes sales pensées, l'induire à la vertu et pudicité. »

Il en résulta qu'Ægystus ne put jouir, paraît-il de Clytemnestre, que lorsque son amant eut tué le joueur de flûte.

C'est ainsi que Saül, d'après les écrits, fut délivré de Satan, de même qu'Elisée apaisa de cette manière son injuste ressentiment à l'égard de Joram, roi d'Israël.

Il y eut, au surplus, chez les Anciens, une musique dite Ionique, c'est-à-dire lascive, tandis que les psaumes se chantaient en musique dite Dorique.

Combien lointaine déjà la romance de Mimi Pinson, au parfum émollient, au rythme simplet dont les paroles tendres se mouillaient de larmes si douces à verser !

Ecoutez la chanson d'amour qui filtre à travers les pots de géranium disposés en flûte de Pan, sur la fenêtre de Jenny l'ouvrière, humez la bonne bouffée d'air frais qui porte cette chanson.

Voilà qui était naïf, peu compliqué voilà maintenant qui est suranné !

Ecoutez, encore, cette fois, c'est une ronde d'enfants : « Nous n'irons plus au bois ! » Non elle n'est pas niaise cette ritournelle et son invite de la fin : « embrassez celle que vous voudrez », est d'une puérilité éternelle.

Mais revenons au baiser et ses nuances à travers les diverses coutumes.

Darwin nous dit que le baiser est inconnu à la Terre-de-Feu, ainsi que chez les indigènes de la Nouvelle-Zélande, les Tahitiens, les Papous, les Australiens, les Somalis et les Esquimaux.

Steele se serait donc trompé quand il écrivit en parlant du baiser « la Nature fut son auteur, et il naquit avec le premier amour ».

« Il est cependant si naturel, qu'il résulte probablement du plaisir né du contact intime d'une personne aimée, et, dans diverses parties du monde il est remplacé par certains gestes qui paraissent avoir la même origine.

Dans la Nouvelle-Zélande et la Laponie, on se frotte le nez ; ailleurs on se frotte et on se tape amicalement sur les bras, la poitrine, l'épigastre, ou bien encore on se frappe le visage avec les mains ou les pieds de son interlocuteur.

L'habitude de souffler en signe d'affection, sur diverses parties du corps, dérive peut-être aussi du même principe. »

Certains pensent, non sans poésie, que cette dernière manière vaut le baiser des lèvres, puisqu'elle permet de respirer l'haleine embaumée de l'aimée et de s'en griser comme d'une fleur.

Qu'importerait encore — pourvu qu'il y ait contact, échange de fluide — la grâce avec laquelle l'amour s'échange et prélude, puis-que le mode de possession est partout le même !

L'attentat à la pudeur, lui, peut être consommé en réalité de deux façons : par la douceur ou par la violence.

L'amour convenablement dirigé aboutit à l'étreinte normale, c'est-à-dire sanctifiée par le consentement mutuel, autrement c'est le viol, l'élan de la brute en rut vers un acte simplement charnel, quelque chose comme la ruée d'un affamé qui mordrait à pleines dents dans une miche de pain dorée.

Il est vrai que le viol se présente encore sous une forme aussi pénible, bien que moins tapageuse, lorsque des doigts maladroits, par exemple, effeuillent brutalement une jolie fleur.

Ah ! l'envolée des illusions de la vierge à chaque pétale arraché !

« *Doris* a dû toute sa sagesse dont elle était si vaine, à la manière peu satisfaisante dont son amant se comporta dans leur première et unique entrevue. »

C'est pourtant vrai que la vertu n'est encore souvent que la honte du contraire, lorsque ce « contraire fut mal enseigné ».

« Sans la peur du diable, *Corinne* eût été une *Laïs*, le seul respect humain ne l'eût pas contenu », parce que Corinne au contraire, avait été savoureusement initiée.

En résumé, malgré la différence de distinction dans le geste et à cause de la considération d'autrui, l'Amour tant bien que mal arraché, donne le même plaisir — mais il y a des dégustateurs, ceux-là sont les délicats qui marchent vers la suprême caresse par baisers progressifs et gradués !

Qu'importe d'autre part, le triomphe de la chair sans la provocation de la Pudeur et l'obstacle de l'imagination !

Dès leur castration, les eunuques ont perdu le sentiment de chasteté; mort le désir, l'intellect a perdu le tact, l'homme neutralisé est revenu à l'état d'innocence première, à la négation de soi-même, à la presque irresponsabilité.

La vue des mets les plus succulents ne dit rien qui vaille à l'estomac malade, pourquoi voudriez-vous qu'une considération spirituelle s'éveillât à tel spectacle digne d'appétit, chez un viscère en mauvais état ?

Notez qu'il y eut des eunuques volontaires qui se mutilaient, notamment un certain Origène, pour n'être pas exposés à perdre la chasteté.

Ceux-là, par un raffinement d'ascétisme (c'est-à-dire la pratique régulière de mortification corporelle en vue de la perfection morale) furent des conservateurs étranges de l'idéal pudique, ce sont les apôtres de la concupiscence.

Et pourtant, au-dessus du « malheur » d'Abélard plane la légende suave de son amour pour Héloïse et la voix des chantres de la Chapelle Sixtine, est particulièrement fraîche !

Mais l'amour, doit toujours être à la hauteur du baiser, ennobli par l'imagination, distillé par les lèvres au passage du cœur.

Voici pourquoi l'image du viol est répugnante, même dans sa représentation esthétique, parce qu'il y manque la préparation dans l'harmonie de la scène brusque et que le seul contact de deux organes ne donne

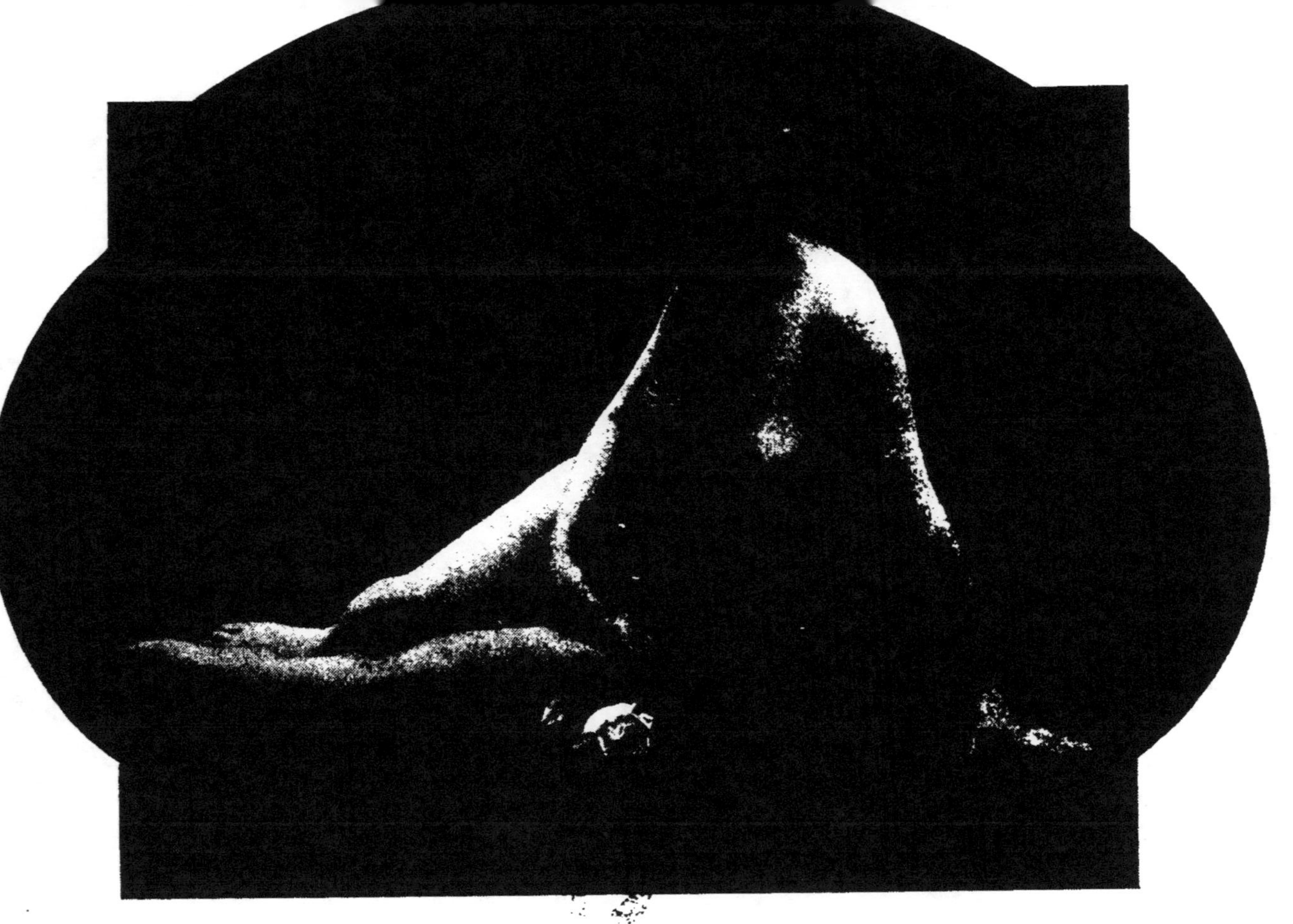

La Candeur.

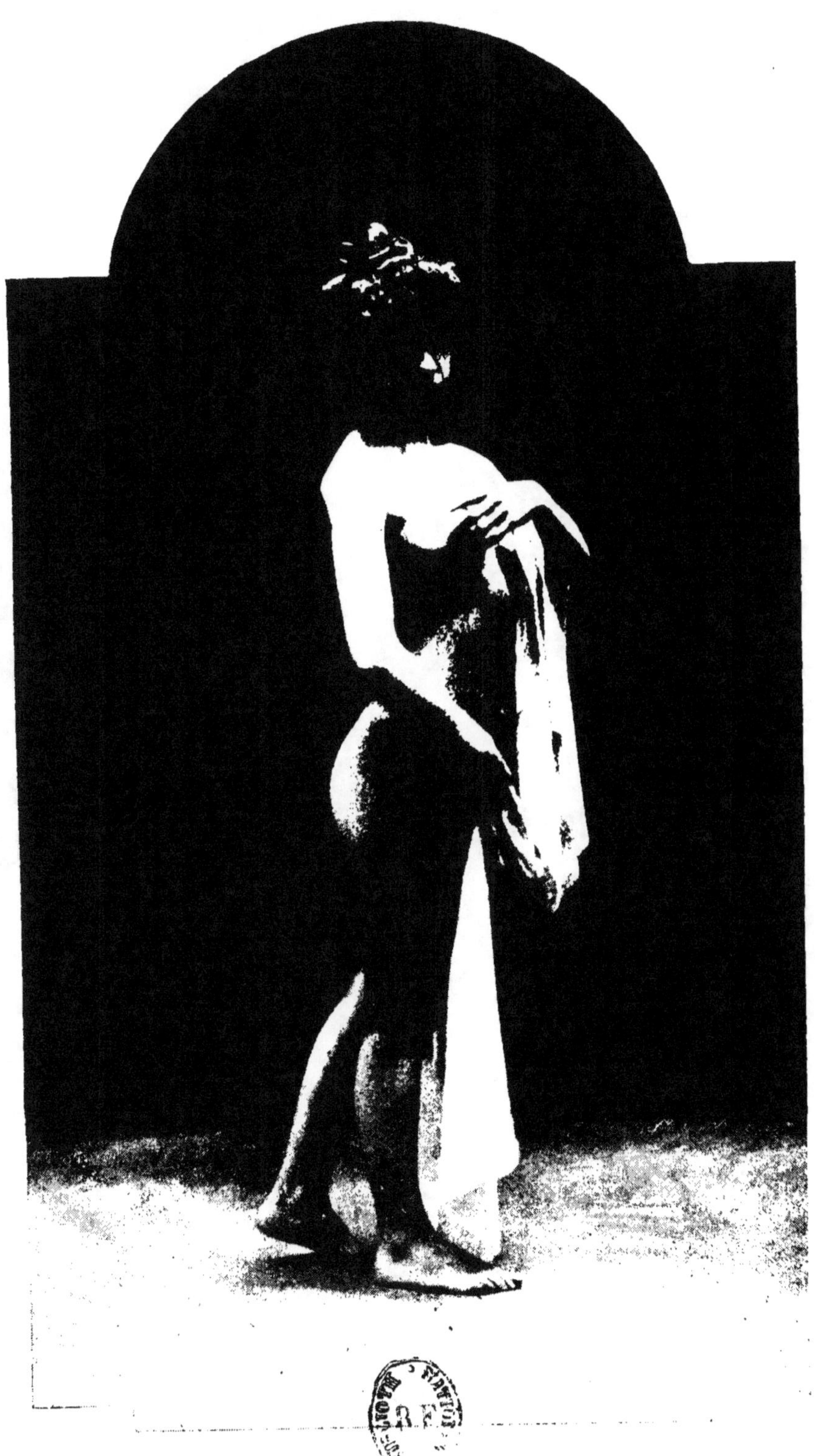

La Pudeur.

oint nécessairement, bien au contraire —
'impression de l'Amour.

L'illusion des sens, encore, monte l'imagi-
ation, tel costume excite cérébralement et,
e costume ôté, l'amour disparaît devant la
analité d'un corps, ressemblant après tout
 tous les autres !

Et, cependant, les plus blasés se laissent
rendre à l'attrait du vêtement, à ce rien qui
épareille l'être jusqu'à la chute du rêve,
près rassasiement de la chimère.

Aphrodite était pour les Grecs, soit la déesse
e l'amour céleste (Ourania) soit la déesse de
'amour vulgaire (Pandémos) soit la déesse
u mariage, (Nymphia), ou des courtisanes
Hétaira) ou aux belles fesses (Callypige).

En un mot, Aphrodite personnifie l'amour
 chaque étape du baiser, à la fois déesse de
a Beauté, de la Génération, prêtresse de la
ertu et du Vice.

Son incarnation dite Callypige est essen-
iellement curieuse, l'impudeur anormale et
péciale de cette Vénus, aggravée d'un sou-
ire équivoque, consiste à découvrir avec une
olte gracieuse « de belles fesses »; voici qui

nous amène, à propos de luxuriance, c'est-à-dire de chair attisant le désir, à citer les intéressantes observations de M. Henry **Havard** sur les productions de l'Art au xviii° siècle.

« Un beau corps, souple, élancé, sain et vigoureux, des traits nobles et réguliers ne suffisent plus à inspirer aux artistes des œuvres durables et à contenter leurs admirateurs. On préfère des attraits plus touchants, des beautés plus sensuelles.

Sous l'empire de ces préoccupations (séductions plus provocantes) les contours s'amollissent, la nudité des Madeleines au désert, se chargent d'un embonpoint engageant, de carnations potelées, fraîches, appétissantes. (*Histoire et Physionomie des styles.*)

L'éminent écrivain constate également dans le même ouvrage que cet embonpoint n'était point dédaigné davantage en Italie, Raphaël n'offrait en effet rien d'éthéré ni d'ascétique.

Paul Véronèse « amoureux en tous temps des opulents contours, nous révèle son épouse forte personne à triple menton, à ro-

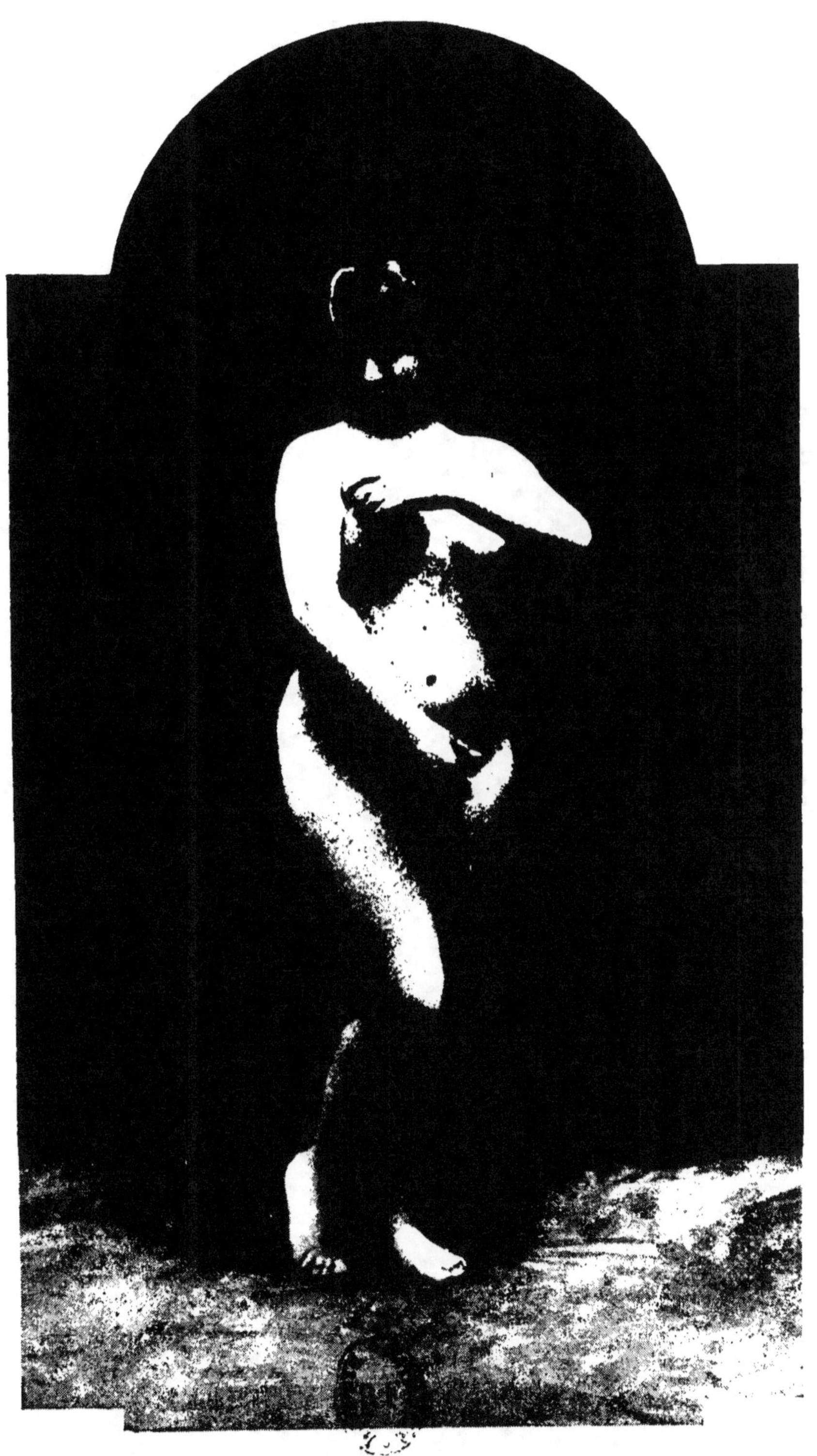

...d'ingénieux mouvements pudiques...

buste encolure et dont la poitrine débordante aurait fait exulter Jordaens lui-même ».

Cet échec à la pudeur de la chair appétissante, était à noter, il semble le fumet d'un bon plat, on rapprochera cet essor luxuriant, de l'étroite intolérance religieuse, en ce qui touche aux mêmes charmes physiques, comprimés, annihilés sous prétexte de chasteté.

« L'essence de la morale chrétienne, dit fort judicieusement Jules Lemaître dans ses *Contemporains*, ce qui lui est propre et la distingue de la morale naturelle, c'est assurément le mépris du corps, la haine et la terreur de la chair. »

La Bruyère a une remarque qui va loin : « Les dévots ne connaissent de crimes que l'incontinence. »

Et si Bernardin définit la véritable vertu « Un effort fait sur nous-mêmes pour le bien d'autrui, dans l'intention de plaire à Dieu seul », nous avouons ne pas souscrire — misérables créatures terrestres — à cette abnégation et à cet égoïsme exclusivement spirituels !

Le symbole virginal nous amène à reparler

des voiles, conservateurs du baiser pur et de
la chasteté ; non de ceux dont l'impudente et
impudique Cléopâtre notamment, était revêtue (Sénèque dans un précédent extrait, blâma
justement, ici-même, la transparence de ceux-
là), mais des voiles mystérieux qui, comme le
Zaïmph, palladium de Carthage, que nul mortel ne devait voir, furent le bouclier de la
vertu.

On raconte que Dieu fit voir un jour à saint
Dominique « un petit démon assis sur le sein
d'une jeune demoiselle d'où il tirait des flèches envenimées sur tous ceux qui arrêtaient
leur vue sur cette nudité. Ces flèches portaient
une pointe de feu, elles passaient par les yeux
et entraient jusqu'au cœur, l'embrasant d'un
feu impudique ».

Sans creuser plus avant la ressemblance
existant entre ce « petit démon » si proche de
Cupidon, si ce n'est lui, par la proche malice
diabolique, nous dirons la pudeur délicate
des sages draperies, obstacles d'élémentaire
modestie à la concupiscence.

« Rebecca venant pour épouser Isaac, aussitôt qu'elle l'eut aperçu, de loin, mit pied à

terre et vivement se couvrit de sa mante et de son voile. »

On aime à relever la simplicité instinctive du geste de Rebecca, geste qui correspond, si parfaitement, à la leçon muette donnée par la Nature à nos premiers parents, se cachant parmi les bois du Paradis après s'être couvert le ventre, honteux, sans s'expliquer pourquoi, de voir le reste de leur corps nu.

Parmi les membres du corps humain, il y en a, dit-on, de nobles, de beaux et honnêtes, d'autres ignobles, honteux et malhonnêtes en leur fonction naturelle, ou bien eu égard, à la bienséance humaine. Ces premiers n'ont pas besoin de couverture ni d'agencement...

Il était de plus à remarquer, que la Nature n'a pas donné confusément les mêmes membres, cela au grand bénéfice de la curiosité.

Dans la difficulté de saisir — en état d'innocence — la juste et l'honnête valeur de ces membres et de leur mouvement naturel, il importait tout d'abord de s'envelopper complètement les parties du corps, indistinctement, quitte à observer dans l'action et l'attitude postérieures, la stricte humilité du geste, autorisée par la commodité, l'habitude et encore la propreté.

Adam et Eve, tenaient au surplus, après leur faute, à reconquérir les faveurs de Dieu, très attentif à la pudeur, comme l'atteste la miraculeuse histoire de ces saints qui, ayant de la répugnance à dépouiller une partie de leur corps pour passer un gué, furent soudain transportés sur l'autre bord du gué, grâce à la reconnaissance divine.

Nous avons vu les femmes d'Orient se voiler la face, voici sainte Sotère qui, condamnée à être souffletée, dévoile seulement sa joue — premier sacrifice — pour le martyre : la pudeur étrange ici, voisinant avec la Vertu outrée.

Même exagération relevée dans de vénérables grimoires du XVIIe siècle ; il s'agit des bras que l'on tenait à cette époque découverts jusqu'au coude « afin que, par cet échantillon l'on mette le reste de la « pièce » en vente ».

Le symbole du voile chez les Romains, analysé plus loin, est autrement délicat, il ignore la subtilité de ces mesquineries, grâce à son auréole.

D'autant que, si parfois les femmes montrèrent leurs bras « avec des finesses de courtisanes » Daphné, candidement au contraire, embrasa de cette même manière le cœur d'Apollon ; cela rentre dans l'esprit du geste dont il fut question précédemment.

« Hé ! que vous avez de belles jambes » s'écrie un galant à une chaste dame.

« Oui... mais elles sont entièrement à mon mari ! »

Après le geste voici la ressource de la morale réplique qui rappelle celle de la pieuse Théaro (?) répondant à l'exclamation laudative d'un personnage, témoin de la beauté de son bras, qu'elle venait de montrer par mégarde : « Le beau bras ? certes, mais il n'est pas « commun ! »

L'indignation des moralistes atteint à son paroxysme lorsqu'elle traite de l'impudicité des seins nus.

Passe encore lorsque les femmes allaient en litières, en chaise à bras, mais maintenant? écrit un ecclésiastique du XVIᵉ siècle.

Auparavant le prophète Jérémie, parlant de quelques femmes surprises, en faute, avait dit avec mépris, les yeux levés au ciel : « Elles ont montré leurs mamelles nues ! »

Tandis qu'Isaïe observait, partageant pareil dégoût. « Tes mamelles ont grossi et étaient nues ! »

Voici une anecdote vantée par les saints esprits, qui nous paraît pourtant autrement répugnante que le spectacle d'une laiteuse poitrine, pétrie de neige et de roses.

Ce sont les filles du duc Agilulphus qui cachèrent dans leur sein des « lopins » de chair pourrie, afin de garder leur honneur intact parmi les barbares dont elles étaient prisonnières. Il paraît que ceux-ci n'eurent *seulement pas* l'envie de s'approcher d'elles, pensant que cette « punaisie » leur fût naturelle !

L'histoire de sainte Macrine, moins révoltante, ne démontre guère plus d'intelligence malgré la piété qu'on lui attribue. « Comme il lui fut arrivé un mal au « tétin » qui la menaçait de la gangrène, sainte Macrine préféra exposer au danger manifeste de tel inconvé-

nient et de la mort même, ce tétin, en le cachant, plutôt que de le montrer à un chirurgien qui l'eût pansé.

Ce dont Dieu lui témoigna de la reconnaissance en permettant à sa mère de la guérir,
rien qu'en faisant le signe de la croix au-
dessus de son mal. »

Clément d'Alexandrie, en son Pédagogue,
après avoir nettement prescrit aux femmes de
baisser sans cesse les yeux afin de ne point
allumer le désir chez les hommes, s'affirme
plus minutieux encore, il blâme « celles qui,
buvant, tournent tellement la tête qu'elles
découvrent leur gorge. Cette façon a mauvaise grâce continue-t-il, notamment chez certaines religieuses qui, n'ayant le sein couvert
que de leur mentonnière, à mesure qu'elles
boivent et haussent la tête, haussent tant et
plus leur barbette et font paraître leur sein
à toute une compagnie. »

Et saint Jérôme reprochait à Jovinien
« d'avoir dans son parti, des Amazones lesquelles, le sein découvert et les bras retrous-
sés jusqu'au coude, excitaient les hommes au
libertinage, pour les rendre ses sectateurs. »

Il était en cela d'accord avec le prophète Ezéchiel qui nous a appris « que le sein découvert d'une femme était un lit et un lit où l'impureté reposait et devenait féconde en
corrompant celle qui le découvre et celui qui
le regarde ».

Opinion à laquelle se ralliait encore le docte
Africain donnant le nom des filles de Dieu à
celles qui n'allaient dans les places publiques
et les églises que le sein couvert et la face voilée, et nommait filles des hommes celles qui,
au contraire, affectaient de découvrir ces parties de leur corps. »

Car au temps jadis, quand une fille se ma-
riait, on lui mettait un voile sur la tête et les
épaules pour marquer qu'elle passait sous la
possession de son époux et qu'elle cachait
pour tout autre que lui son visage et son
sein. De là vient, que Dieu même, dans le
prophète Jérémie dit « qu'une femme mariée
ne doit jamais oublier son voile pas plus que
les filles ne doivent manquer de s'en parer ».

Le patriarche Jacob déclarant qu'il avait
fait un pacte avec ses yeux afin de ne point
penser à la beauté des femmes, était doublé

d'un philosophe dont nous applaudissons encore le bon esprit, non égoïste.

« Seules les filles de joie et les paillardes marchaient à sein découvert et c'était la marque d'une courtisane que de montrer son sein à nu. » (*Horace*.)

Après la pudeur du visage, des bras, des jambes et des seins, sans parler naturellement des secrets du ventre, en partie révélés seulement, car nous l'avons vu, la nudité entière est chaste, nous trouvons dès les âges les plus reculés la pudeur de la chevelure, couvre-chef naturel, expliquée par la seule honte de ne point avoir de chevelure ! Les cheveux doivent être, au surplus, recouverts d'un voile « il faut que la femme en public, ait la tête couverte, sans cela elle déshonore son chef ni plus ni moins que si elle le faisait raser et peler ».

« Avez-vous ôté le voile de dessus la tête d'une fille ? Vous lui avez peu à peu effleuré sa virginité, elle en a reçu le « déchet », elle est moins entière qu'auparavant. »

De même saint Paul commande expressément à la femme d'avoir à l'église, un voile sur la tête « à cause des Anges » ; quant aux juives, c'était à ce voile et à la chevelure qu'elles étaient reconnaissables.

Il paraît que les tyrans, lorsqu'ils voulaient couvrir de honte ou d'infamie les dames chrétiennes, les faisaient tondre. On rasait les *paillardes*, en France, pour leur faire publiquement de la honte et pour témoigner « qu'elles étaient à la suite de Vénus la chauve ».

L'anecdote de cette vierge se présentant entièrement chauve aux yeux d'un soupirant dont elle désirait décourager l'amour, ajoute encore à l'idée, à la fois, horrifiante et dégradante qu'attachaient les anciens à la nudité des crânes. Certes, Absalon eût été d'opinion opposée, à moins pourtant qu'il n'eût préféré la mort plutôt que de survivre à son opprobre, comme les dames troyennes et grecques, (témoin la Princesse Creüfa,) dont le couvre-chef et le voile étaient une marque d'honneur.

Après avoir prêché que les cheveux avaient été donnés à l'homme pour se couvrir (nous verrons plus loin sainte Agnès) saint Paulin

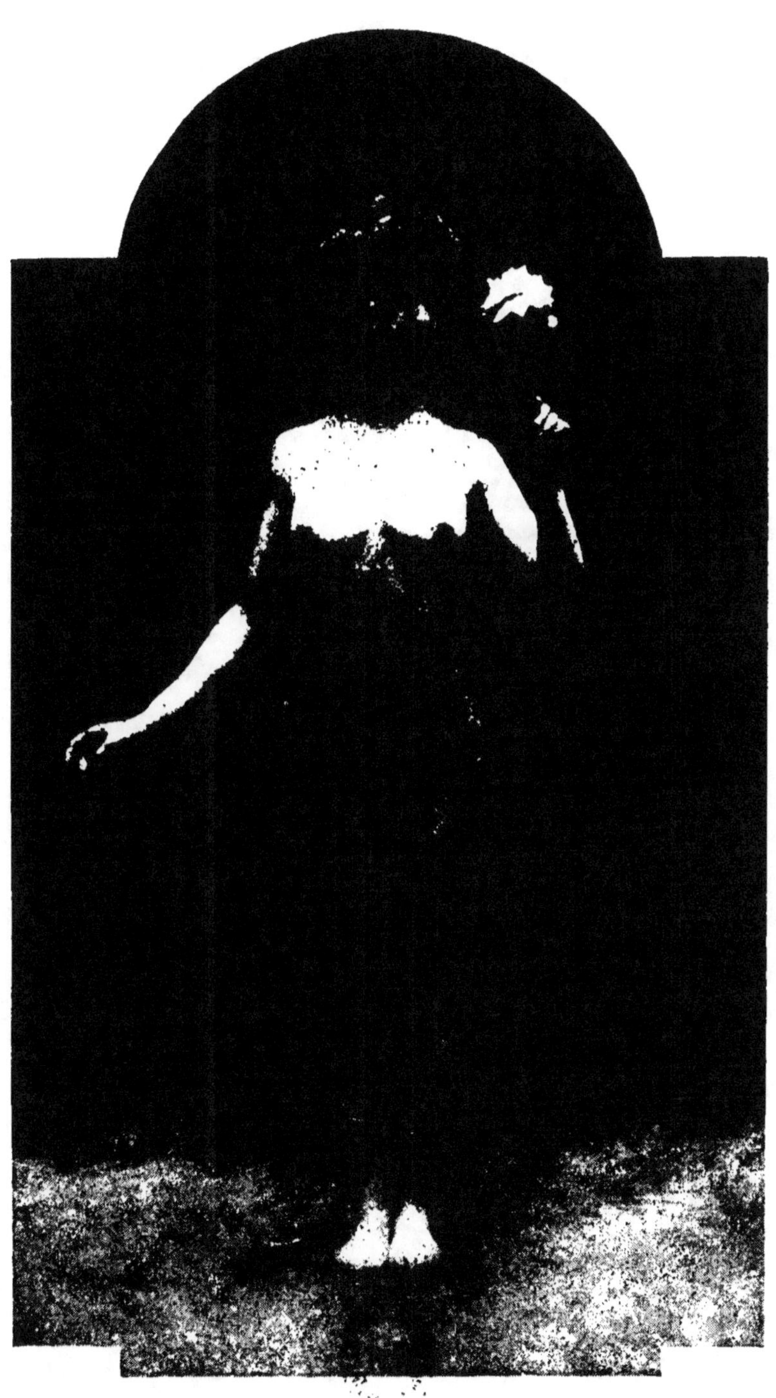

La Pureté.

s'emporte contre les vains ornements et l'impudence des filles, en général.

C'est la pieuse tirade contre l'ostentation du luxe des ornements et oripeaux, et les provocations multiples de la coquetterie. Saint Paulin jette l'anathème « Dieu, dit-il, changera les bonnes senteurs en puanteurs, les belles ceintures, en cordes, perruques et cheveux frisés en pelade et ces bandes de mamelles en haire et cilice ! »

D'autres prudes esprits clament après les faux cheveux qui pensent-ils, ayant appartenu à des sorcières, teigneuses, pestiférées et prostituées, ne sauraient orner la tête des honnêtes femmes.

Les « mouches » encore ne sont pas épargnées par les chastes colères, l'enfer mesurera l'ardeur de sa flamme, à leur nombre !

Le dévergondage luxueux du vêtement, fut, au reste de tous temps, en but à d'austères condamnations, l'appétence voluptueuse de la coquetterie, devait aider à la dissolution des mœurs, nous en avons des exemples.

Les Romains voyant les corruptions que traînait après soi le luxe des habillements de

femmes, ordonnèrent solennellement que do-
rénavant les parements dorés leur étaient in-
terdits, plus de cottes, ni de robes aux couleurs bigarrées ou damassées d'or et d'argent.

Ces décrets, paraît-il, ne furent respectés
que jusqu'au jour où les Assyriens, vaincus
par les Romains, leur versèrent le poison de
leurs mœurs voluptueuses et leur désordre.

Solon, le grand législateur d'Athènes, fit
défendre à toutes personnes de posséder plus
de trois robes, on nous dit même que les vertueuses Lacédémoniennes réduisirent ces
trois robes à une seule.

Il existe encore une curieuse ordonnance
du roi Henri II « contenant la réformation de
la superfluité des habillements de soie avec
les interprétations faites par ledit Seigneur ».

Nous ne saurions résister au plaisir de citer
à nouveau, des exemples moraux concernant
le dévergondage des vêtements, toujours
d'après les pères de l'Eglise, écrivains fort
experts en la matière puisque quelques-uns,
notamment Isaïe, n'hésitèrent pas à étudier
sur le vif, en forçant le mystère de certains

cabinets de toilette d'alors, fort capiteux, l'étendue du crime de coquetterie.

C'est d'abord l'histoire de Posthumia, vierge sacrée, qui, tombée « en suspicion de pompes » pour s'être trop richement vêtue fut appelée de ce fait, devant un tribunal.

Et puis, celle de Thamar, fille de Juda, qui, s'étant parée somptueusement après avoir délaissé ses vêtements de veuve, fut victime de pareille impudeur, puisque, selon la légende, le père de la jolie créature l'apercevant aussi irrésistible « son cœur s'embrasa d'une telle flamme qu'il s'ensuivit un inceste détestable! »

Judith n'attirait-elle pas le regard des hommes avec sa chevelure et son corps parfumés « en ses robes de joie ? »

L'Apocalypse, au surplus, représentait la fausse Eglise « par la similitude d'une paillarde accoutrée à l'avantage, pour émouvoir les cœurs et les séduire ». On la voit accoutrée de pourpre et d'écarlate, d'or, de pierres précieuses et de perles...

Pour en revenir aux Romains, nous dirons le charme particulier qu'ils attachaient à la moralité du voile, après avoir noté l'histoire de la toge chez ce peuple.

Dès l'âge de la puberté, vers 15 ans, les jeunes gens quittaient la toge de pourpre (prætexta) pour revêtir une toge toute blanche (pura), il était contraire aux bienséances de se montrer en public sans en être revêtu.

Les dames et les filles de Rome, donc, allaient la tête couverte d'un voile tandis que les hommes étaient tête nue.

Selon Horace les dames et les filles d'honneur étaient même entièrement voilées de la tête aux pieds, et lorsqu'une dame était convaincue de « paillardise » on lui ôtait la robe d'honneur et on lui donnait des habits « à la paillarde ».

On conte même que Sulpicius Gallus répudia sa femme pour avoir paru en public sans avoir couvert son visage, il allégua que les lois du mariage ordonnaient qu'elle parût belle à ses yeux seulement et non aux yeux d'autrui ; il ajouta que c'était une impudence de faire autrement et qu'en cela il y avait au moins le soupçon de la lubricité.

Sabina Poppæa, une courtisane d'alors,

n'ignorait point ces usages de bon ton, puisque pour jouer la femme de bien et pour être prise pour une dame d'honneur, elle ne paraissait jamais en public que couverte, ayant au moins le visage à demi caché.

Du reste, les tyrans ôtaient le voile aux chrétiens en signe de déshonneur et Tertullien a pu dire que les femmes qui n'ont pas voulu couvrir leur tête ni cacher leur face, sont après contraintes de cacher « leur ventre qui grossit à leur honte et infamie insupportables. »

La convention du voile et son symbole, somme toute, équivalent aux usages conservés notamment en Angleterre, où il est considéré actuellement encore, comme très inconvenant, qu'une femme à quelque condition qu'elle appartienne, sorte dans la rue tête nue.

La Préfecture de Police parisienne n'a-t-elle pas contraint les prostituées à mettre un chapeau, afin de ne pas blesser la pudeur, lorsqu'elles déambulent sur le trottoir ?

Aujourd'hui, la toilette et son luxe, demeurent subordonnés à la sagesse de la femme, bien que l'extravagance de la mise soit surtout réservée aux marchandes d'amour, mais fort souvent on s'y trompe...

Après tout a dit La Fontaine « qui voudrait réduire Boccace à la même pudeur que Virgile ne ferait absolument rien qui vaille » nous pensons que le prix de la vertu et du vice varie selon les dispositions de l'âme et du corps et nous ne sommes pas des moralisateurs...

CHAPITRE VI

LES ANOMALIES DE LA PUDEUR

— Les anomalies de la pudeur font pendant aux curieux déplacements de cette vertu, que nous constatâmes précédemment.

Elles naissent simplement des coutumes différentes, des goûts autres, qui ne se plient, en somme, à aucune règle générale, variant souvent même, selon l'individu et son instinctive appréciation.

Ainsi, les Espagnols témoignent de leur contentement gastrique par une éructation qui serait fort indécente chez nous, il paraît qu'ils ont gardé cette habitude pittoresque de leur longue fréquentation avec les Arabes.

Dans tout l'Orient, en effet, non seulement l'éructation n'est pas interdite par la civilité puérile et honnête, mais elle est accueillie comme une marque de politesse et le remerciement d'un estomac reconnaissant.

Seuls, les Chinois font exception à la règle orientale, et ont une autre manière sur laquelle nous n'oserions insister, de traduire leur satisfaction gastronomique.

De même que l'odorat des blancs s'offense d'on ne sait quelle exhalaison de la peau des noirs, de même ceux-ci, en revanche, parlent-ils avec non moins de répugnance, de l'odeur des blancs.

Jusqu'à la virginité de la femme sur laquelle les goûts étrangement se partagent, à l'heure nuptiale — méprisable ou essentielle selon les différents pays !

Alors qu'en Europe nous prisons fort ce caractère de pureté physique, en Orient, par exemple, et dans certaines régions de l'Afrique, cet agrément délicat est dédaigné, ce sont des gens de moindre condition qui déflorent la vierge avant le contact marital.

Ces dernières coutumes devaient fatalement

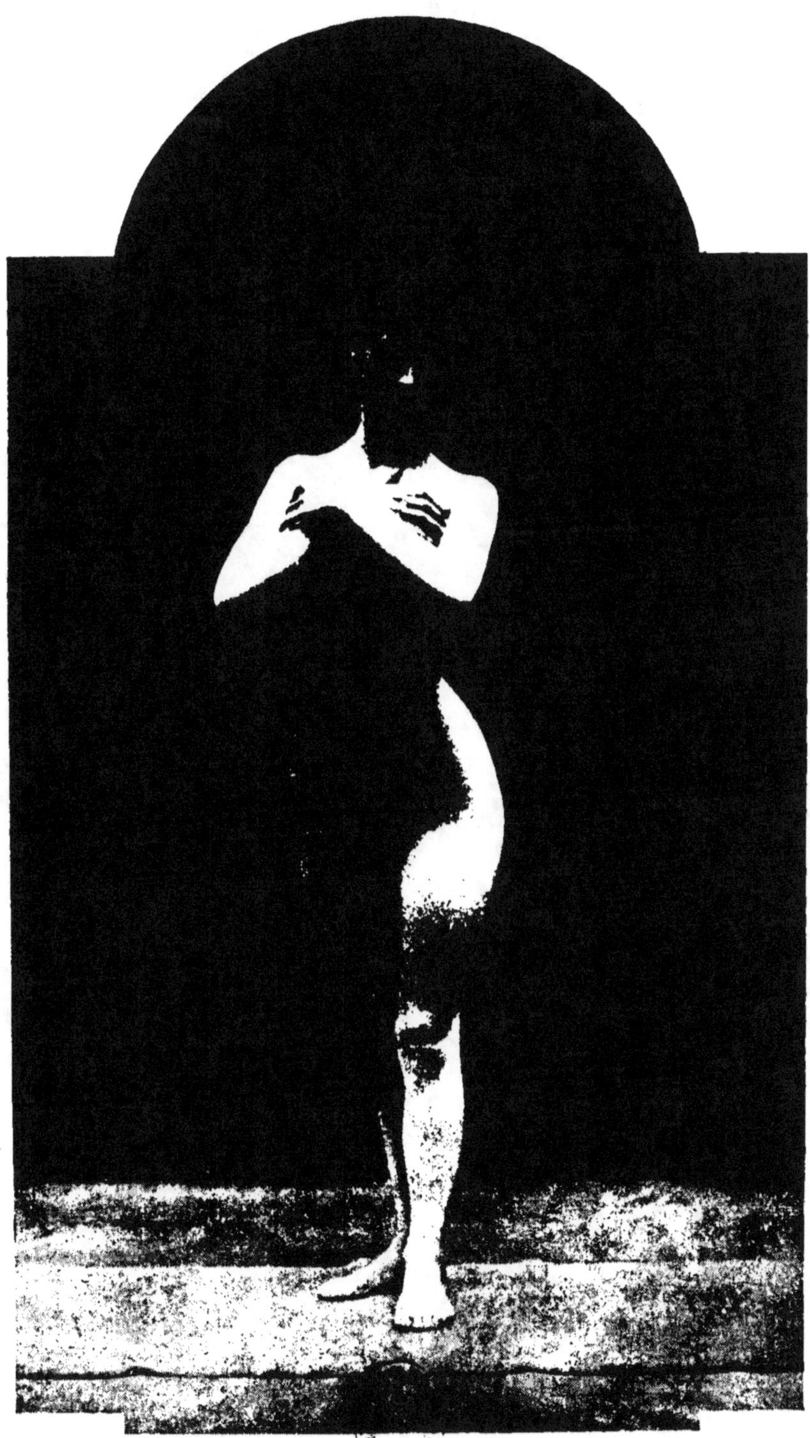

L'Humilité

entraîner le viol d'autres intimités chères à nos mœurs, c'est ainsi que dans l'Inde notamment, l'apparition des menstrues est signalée sans honte au moyen de linges sanglants exposés à la fenêtre même de la jeune fille nubile; semblable pratique chez les Arabes, mais cette fois, au lendemain de la nuit de noces, pour prouver l'immolation de la virginité.

Selon les circonstances encore, le sentiment des convenances se transforme, une femme en toilette sombre se trouvera mal à l'aise parmi des femmes en tenue de soirée, de même qu'un homme en redingote, fera piteuse mine au milieu d'habits noirs. C'est la pudeur de l'âme.

Le Dr E. Monin raconte, à propos de l'étonnement auquel on eut fréquemment recours pour tromper l'attention des malades, le trait suivant qui se rattacherait curieusement à la pudeur brusquée : « Dupuytren, désireux de réduire une luxation de l'épaule chez une jeune et jolie dame, qui se raidissait inopportunément, lui dit, avec sévérité, devant toute sa famille: « Vous faites la sainte nitouche, madame; mais n'importe, je sais fort bien que vous n'êtes qu'une vieille « soularde ! »

Les bras tombèrent littéralement du corps à la pauvre femme et la tête de l'humérus put ainsi reprendre sa place normale, guidée par le chirurgien. »

La pudeur du corps se manifeste d'étrange sorte, indépendamment du décolleté et autres retroussis adoptés, à côté des appétences exotiques que nous signalâmes.

Il n'est point même nécessaire de vagabonder hors l'Europe pour découvrir la pudeur singulière, nous en citerons des exemples tout près de nous.

Ici, c'est une dame surprise par un monsieur qui fait innocemment irruption dans sa cabine, au bord de la mer.

La dame était entièrement nue, face à l'intrus, voici qu'elle se retourne brusquement et qu'elle jette un cri d'alarme, montrant ainsi au regard indiscret, après les rondeurs de sa gorge, les proéminences voluptueuses de sa croupe ! On ne pouvait se montrer plus généreusement impudique, malgré la pudique intention !

D'ailleurs la femme a principalement la pudeur de son devant, d'après Pline, même en se noyant, celles-ci surnagent et font preuve de pudeur : les hommes restent sur le dos et les femmes en sens contraire.

Elle tombe, et tombant, range ses vêtements.

Dernier trait de pudeur même au dernier moment.

La Fontaine.

Certaines tribus africaines, encore, n'ont que la pudeur postérieure et ne prennent soin que de se couvrir les fesses en laissant à découvert tout ce qui est par devant.

Au surplus, on sait qu'en Annam les jeunes filles indigènes, *pudiquement*, amassent une dot en se prostituant d'une manière contre nature, afin de se donner vierges à leur mari.

Autre forme de pudeur irréfléchie. Il s'agit d'un modèle femme dont une cinquantaine d'artistes dessinent l'académie.

Tout à coup cette femme, d'un geste brusque, voile pudiquement les charmes de son corps.

Le sujet de l'émoi? Un couvreur qui, du toit voisin, la regardait !

Où la pudeur va-t-elle se nicher !

Généralement d'ailleurs, au moment du repos, le modèle femme qui vient de poser nu des heures durant, n'hésitera pas à voiler son corps pour quelques minutes, elle passe en hâte, un jupon.

Dans cette dernière catégorie viennent se ranger des scrupules de moralité bien imprévus, chez la femme adultère, par exemple, qui ne veut point céder à son amant sur le lit conjugal, de même qu'elle rougirait de se dévêtir de sa chemise tandis qu'elle la retroussera sans vergogne, pour l'acte amoureux.

Une dame récemment mariée après une jeunesse des plus orageuses, résistait, retranchée derrière une étrange pudeur, à l'amour pressant d'un ami de son mari : « Non, s'écriait-elle, avec une superbe indignation, jamais je ne souillerai l'honneur conjugal. »

Mais, pourtant, répondit l'amant soudain en colère, je vous ai surprise hier dans les bras de X... !

Ce, à quoi, dans un bel élan d'honnêteté

imprévue, la dame répondit: « X... m'a possédée avant mon mariage, c'est différent, je ne trompe plus mon mari de la sorte... »

Nous pourrions ajouter pour compléter la pensée de cette noble épouse « c'est au contraire X... que j'ai trompé avec mon mari! »

Voici maintenant une amusante anecdote, que nous conta un de nos amis, fonctionnaire important au Soudan; elle a trait à une interprétation à rebours de la pudeur.

Notre ami, frappé de l'immoralité des mœurs soudanaises, voulut notamment réglementer la prostitution sur le modèle parisien.

A cet effet, chaque prostituée fut nantie d'une carte ne laissant aucun doute sur sa qualité et l'état de sa santé, en quelque sorte garantie.

Or, il paraît que les filles indigènes titulaires de ladite carte, loin de considérer celle-ci comme une marque d'opprobre, s'en targuent au contraire comme d'une preuve de vertu. Et, si l'on émet le moindre doute à l'égard de leur personne, elles répondent avec indignation: « Moi avoir carte... moi honnête ! ! ! »

Cette dissimulation qui désigne pour chaque sexe dans notre civilisation un vêtement différent, aboutit souvent encore à de curieux effets de pudeur rétroactive, témoin la véridique histoire suivante:

Des Européens, hommes et femmes, ayant été un jour capturés par des pirates annamites et dépouillés de tous leurs vêtements, s'accoutumèrent entre eux à cette nudité, jusqu'au jour seulement où leurs vêtements leur furent rendus. A ce moment, les dames réclamèrent impérieusement un rideau au milieu de la tente où elles s'habillaient et, un homme ayant par mégarde franchi cet obstacle vertueux, jeta le plus vif désarroi dans la pudeur féminine brusquement retrouvée.

Miracle du vêtement essentiellement suggestif du sexe et des respectives convenances y conventionnellement rattachées.

On multiplierait ces exemples, à l'infini, puisque chaque individu, en somme, possède une pudeur particulière qui se traduit par de la honte, par de la timidité, par une exagération aussi de son importance, soit physique, soit morale, par une manière de prétention innée enfin, non exempte, pourtant, de délicatesse.

Les femmes australiennes, d'après Mantegazza (*Physiologie de la Femme*) jusqu'en 1816, ignorèrent cette délicatesse, elles allaient toutes nues dans les rues de Sydney et la pudeur, paraît-il, leur fut enseignée non sans peine.

« On connaît l'anecdote de ce bon missionnaire qui, ayant donné des vêtements aux femmes d'une tribu, leur déclara qu'elles ne recevraient plus ni dons, ni nourriture de lui, si elles se présentaient encore sans leur robe.

Peu de jours après, ces femmes se présentèrent au missionnaire pour lui demander de la nourriture, et, croyant obéir à ses ordres elles venaient avec leurs vêtements pliés en paquet sur leur tête. » Cette variation sur la « Lanterne de Falaise » affirme une sauvagerie naturelle, un curieux manque de pudeur innée, rare chez la femme pourtant, douée de délicatesse supérieure et plus accessible au rouge de la honte.

Et dire qu'il fallut même, en certains cas, si l'on en croit les voyageurs, refuser de donner des aliments aux femmes nues, forcées alors de s'habiller pour avoir à manger.

Quand on n'alla pas jusqu'à édicter des lois !

« Elliot civilisant les Peaux-Rouges n'avait-il pas arrêté « que toute femme qui sortirait la poitrine nue payerait une amende de deux shillings ! »

Cette inconscience de la pudeur, pourtant, vaut mieux que l'ostentation bestiale de certaines peuplades sauvages, qui font parade exclusivement de leurs organes sexuels, visibles seulement tandis que le reste du corps est « pudiquement voilé ».

Nous relevons dans la *Femme criminelle et la Prostituée* de Lombroso les particularités suivantes de la pudeur.

Les dames à demi européanisées des îles Sandwich nageaient vers les navires européens en portant leurs habits, leurs chaussures, leur parasol sur la tête, pour se vêtir à bord.

Les femmes indigènes de Fernando Po vont toutes nues, ne portant qu'un chapeau.

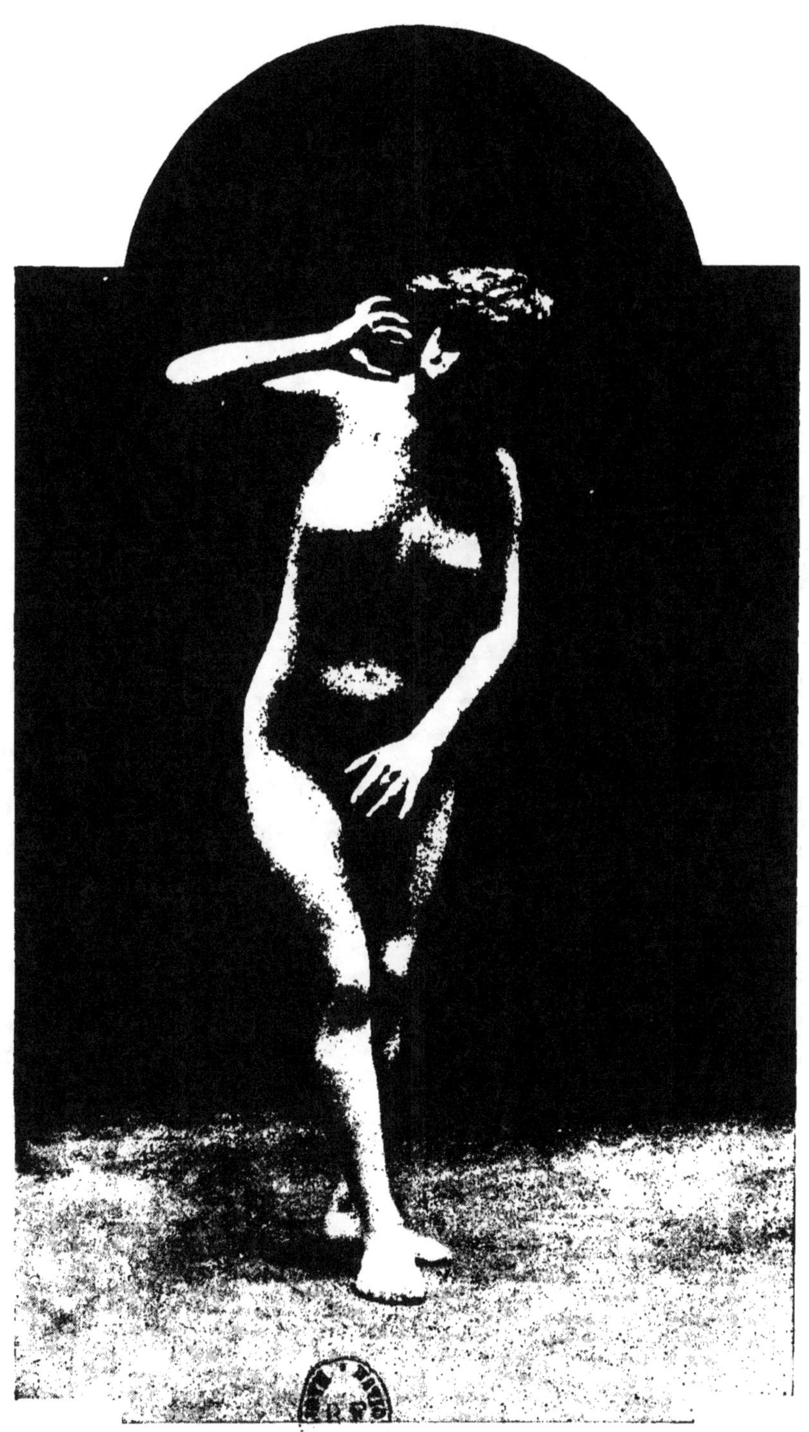

... car la Pudeur avertit l'innocente d'un danger inconnu.

Les femmes des Ivilis (Afrique équatoriale) invitées par Compiègne à lui céder les tissus dont elles s'entouraient les flancs, s'en dépouillèrent avec la plus grande indifférence, avides des petits miroirs qu'il leur avait promis en échange.

Une femme de Balônda se présenta devant Livingstone tout à fait nue : en général, toutes les femmes du pays portent quelques chiffons plutôt comme ornement que pour toute autre raison; les hommes au contraire, sont déjà un peu plus habillés.

L'acte copulatif même, n'avait rien qui offensât les sentiments de beaucoup de peuples anciens.

Les habitants du Caucase, les Ansii de l'Afrique et les Hindous l'exerçaient en présence de qui que ce fût, comme le bétail (Hérodote).

Les Etrusques en faisaient parfois autant dans leurs festins (Athenaeus Dipnos) et dans plusieurs occasions, les femmes avaient coutume de se montrer nues.

On sait du reste combien légèrement étaient vêtus les Grecs et comme ils se déshabillaient

facilement en toute occasion (Taine. *Philoso-
phie de l'art*).

D'ailleurs le mot *gymnastique* est dérivé de
γιμνος (nu) c'est-à-dire de l'usage de se désha-
biller pour exercer le corps dans les jeux auxquels, chez quelques peuples, les femmes pre-
naient également part (Sparte).

On nous dit même que dans les gymnases
des anciens, des inspecteurs étaient établis
pour maintenir les jeunes gens dans la
pudeur.

Chez les Samoyèdes, écrit Mantegazza
(*Physiologie de la Femme*) l'épouse doit tenir
son visage caché à son mari pendant deux
semaines; c'est seulement après cet espace de
temps qu'elle se livre à ses embrassements.

Tandis que les Ashiras de l'Afrique ne mettent de vêtements qu'après le mariage, dans
quelques rares pays, par une sage mesure,
les vieilles femmes elles seules, s'habillent.

Les Dinkas déclarent l'habillement indigne du mâle: ils qualifient les Nubiens de
femmes parce que ceux-ci sont vêtus.

Les femmes araucaniennes sont moins
vêtues mais plus pudiques que les Japonaises

qui n'ont même pas le sentiment de la pudeur.

La femme laponne est laide et sale, mais chaste.

« Il paraît raisonnable de supposer dit Spencer (*La Morale des Peuples*) que la pluralité des femmes constituait naguère une marque de dignité comme de nos jours, chez les peuples sauvages ou à demi civilisés. Il est donc évident que sous l'influence de certaines questions sociales, un sentiment promoral sert de fondement à la polygamie et à l'incontinence particulière qu'elle implique, même observation pour la polyandrie. »

D'autre part, la monogamie chère à l'Europe, demeure un étonnement pour les autres peuples, ils n'en reviennent pas de notre hypocrisie, car ils ne peuvent croire à notre sincérité hors nature, d'autant que la question de l'enfant qui se pose impérieuse chez nous, est secondaire chez les peuples bigames, préoccupés d'abord d'augmenter leur tribu plutôt impersonnelle.

Les dieux grecs et ceux des Hindous sont représentés de mœurs très dissolues, les dieux d'Indra et de Varina personnifient les amours adultères et « comme ces peuples anciens allaient jusqu'à prêter des incestes aux dieux, il était naturel que les hommes s'affranchissent entre eux de toute contrainte.

Nous lisons dans le *Mahabahrata* « A l'origine, les femmes n'étaient pas renfermées. Elles allaient où les appelaient leurs plaisirs, vivant dans une complète indépendance. Si leur naïve candeur les engageait à abandonner leurs maris elles ne commettaient en cela aucune faute. Telle était la coutume des temps anciens. » Il est donc possible que la polyandrie ait eu au début, le caractère d'une limitation de la promiscuité qui régnait auparavant. Le sentiment éthique qui l'autorisait avait donc en réalité eu pour effet, d'établir dans les mœurs une chasteté relative.

Nous glanons encore dans la *Morale des Peuples*, les récits des voyageurs recueillis par Spencer, relatifs à la pudeur et à la chasteté.

Mieux vaut citer sans commentaires les notes des Dalton, Taplin, Cook, Buch, De Freycinet, Dixon, etc. dans leur curiosité pittoresque.

Au sujet des Chinooks : « *Ce peuple comme d'ailleurs toutes les tribus des Indiens, est si éloigné de juger criminelle ou même inconvenante la prostitution des femmes non mariées, que celles-ci sollicitent les premières et avec l'entière approbation de leurs parents et amis les faveurs de l'autre sexe.* »

. « *Les Sioux nous offrirent des squaws, mais sur notre refus et comme nous ne quittions pas encore leur tribu, ils se mirent à nous offrir des femmes pour deux jours.*

« *Chez les Tupis et les Caraïbes (Amérique du Sud) on ne craignait pas d'enfreindre les règles de la chasteté et l'incontinence n'était pas regardée comme un péché.* »

« *Les Caraïbes ne font aucun cas de la chasteté des femmes non mariées.* »

« *La plus grande marque d'amitié que deux Esquimaux peuvent se donner c'est d'échanger leurs femmes pour un jour ou deux.* »

De même, « *chez les Chippewayans c'est une coutume très répandue que de changer de femmes entre eux pour une nuit.*

Ils sont si loin de regarder un pareil acte comme coupable qu'ils y voient le meilleur moyen de resserrer étroitement les liens d'amitié entre deux familles ».

« Mais, après leur mariage les femmes de Dokatas, comme autrefois les matrones spartiates, se tiendront dans la réserve la plus stricte à l'égard de l'autre sexe. »

A l'occasion d'une certaine fête annuelle toutes les femmes, quelle que fût leur condition, pouvaient s'abandonner dans les bras de qui leur plaisait. A toute autre époque de l'année on exigeait d'elles une fidélité rigide. Cependant, ainsi qu'en témoigne Herrera, toutes les filles n'agissaient pas de même.

« Beaucoup de ces femmes étaient belles et lorsqu'elles étaient nubiles, les parents avaient coutume de les envoyer gagner leur dot. Elles rôdaient alors à travers le pays, se comportant avec la plus honteuse licence jusqu'à ce qu'elles eussent amassé de quoi entrer en ménage. »

« Les rapports entre les sexes des Kirghises, sont établis sur le type des mœurs les plus primitives : les mères, les pères et les frères considèrent avec la plus grande indulgence tout manquement à la morale et, les

maris eux-mêmes encouragent leurs amis à nouer des relations intimes avec leurs femmes... De même que les Kirghises, les Bourotes ne savent pas ce que c'est que la jalousie.

Chez les Karens rouges, qu'ils soient mariés ou célibataires, les mœurs sont extrêmement relâchées. Les relations sexuelles entre jeunes gens sont autorisées comme n'étant nullement répréhensibles ; car telle est disent-ils notre coutume.

« La prostitution est très fréquente et la chasteté est une vertu rare chez les femmes Todas. Les liens du mariage et les obstacles de consanguinité sont purement nominaux. »

On n'attribue, au Choa, aucune valeur à ce trésor : la chasteté.

Pour le cas le plus grave de séduction, la réparation pécuniaire la plus élevée que puisse allouer un tribunal, ne dépasse pas la somme de cinq sous.

Chez les peuples du Haut-Congo « le père ou les frères d'une jeune fille la prostituent avant son mariage à tout homme qui leur donne quatre mètres d'étoffe. Cette prostitu-

tion ne nuit en rien à la considération dont elle jouit et ne l'empêche pas de se marier par la suite ».

Les Boschinans ne considèrent pas l'infidélité au pacte matrimonial comme un crime. La partie offensée y prête à peine attention. Ces indigènes semblent n'avoir aucune idée de la distinction entre la fillette, la jeune fille et la femme, ils n'ont qu'un mot pour désigner ces divers états.

On a vu souvent les habitants des Iles des Voleurs vendre sans rougir les prémices de leurs enfants, les mères elles-mêmes engager leurs enfants à suivre l'impulsion de leurs sens... On possède encore une des chansons qu'elles chantaient à leurs filles en pareille circonstance.

En revanche, Catlin dit à propos des Mandans « leurs femmes sont belles et pudiques, et les bonnes familles y chérissent et respectent la vertu autant que n'importe quelle autre société ».

Au sujet des Chippewas « leur chasteté est une vertu très estimée. Un guerrier ne prend jamais pour épouse qu'une femme chaste ».

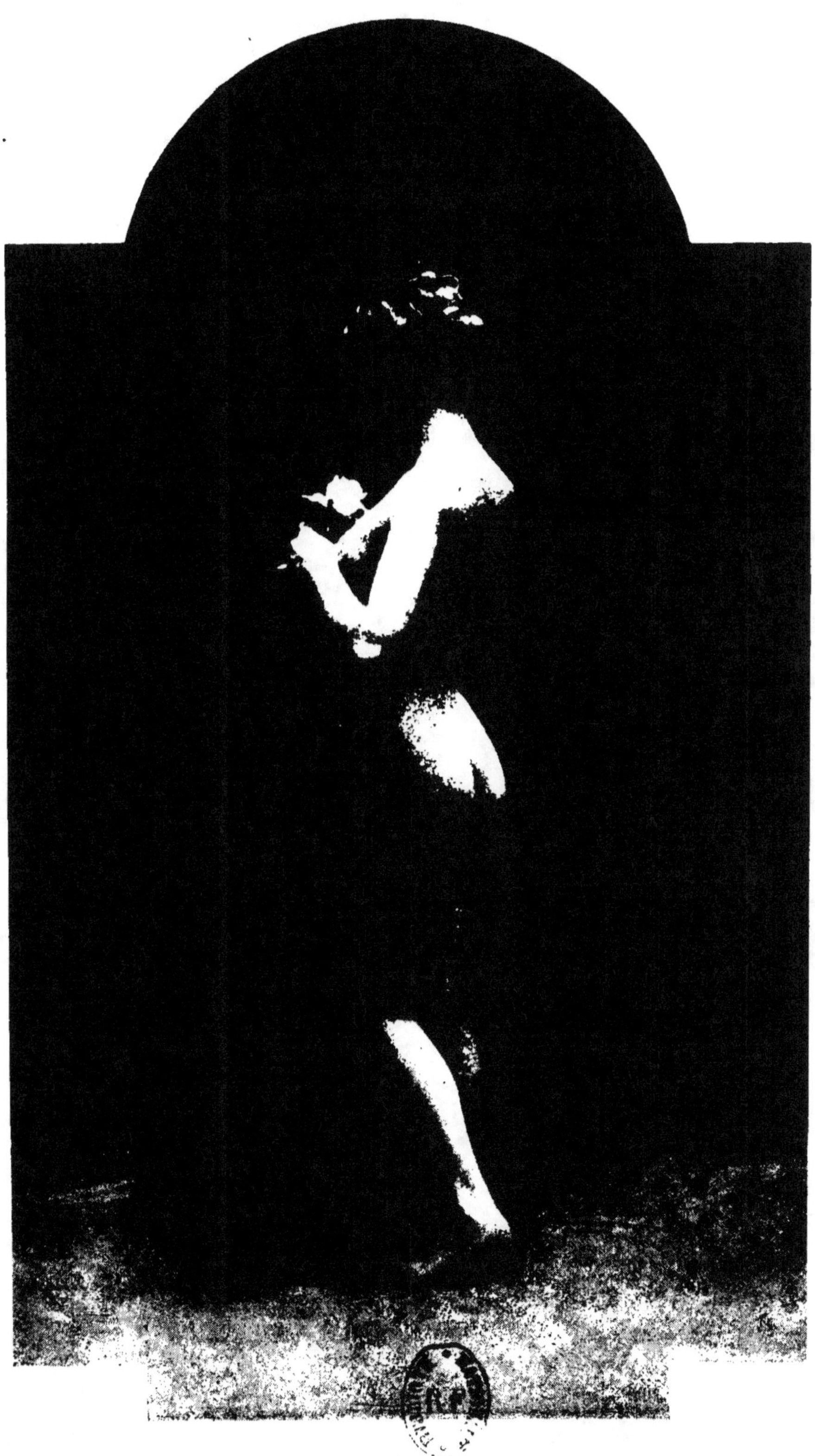

L'Innocence.

Une femme cafre est tout à la fois chaste et pudique, les cas d'infidélité chez ce peuple sont dit-on très rares, même éloge des Bachassins et des habitants des îles Tonga, Sumatra, Bornéo, Dory (Nouvelle-Guinée) et îles Loyalty.

Les Fuégiennes encore, sont remarquablement pudiques et l'adultère chez les Fidjiens est puni de mort !

Tous les voyageurs qui ont parlé des femmes Santals les représentent comme extrêmement chastes. Cependant les jeunes gens des deux sexes vivent dans une grande intimité et passent beaucoup de temps ensemble.

Les Tahitiens, paraît-il, n'ont aucune idée de la pudeur. Ils assouvissent leurs instincts et leurs passions en public sans éprouver plus de gêne que nous n'en éprouvons à nous mettre à table avec notre famille ou nos amis.

Dixon relativement aux Japonais s'exprime ainsi : « C'était jadis chose fréquente (et il n'est pas bien prouvé que cette coutume ait disparu) de voir une fille dévouée à ses parents se louer pour un certain nombre d'années au tenancier d'une maison mal famée afin d'aider son père ruiné à rétablir ses affaires. A son retour à la maison paternelle, elle n'encourait aucune flétrissure, bien au contraire on honorait son dévouement filial. »

« Les Chuchkis offrent aux voyageurs auxquels il arrive de les visiter, leurs femmes et ce que nous appellerions l'honneur de leurs filles. Tout refus est ressenti comme un affront mortel. »

En définitive « La pudeur et le sentiment de l'honneur sont certainement deux des principales manifestations du respect de soi-même. Ni l'une ni l'autre ne manquent chez les peuples sauvages. Mais, la première surtout, se manifeste souvent par des coutumes, des pratiques fort opposées aux nôtres ou n'ayant avec elles aucun rapport. De là bien des méprises, comme celle qui a fait prendre, chez certains Polynésiens, pour un raffinement d'impudique sensualité ce qui n'est pour eux qu'un acte de pudeur élémentaire. » Quatrefages, (*L'Espèce Humaine.*)

L'habitude d'être couvert éveille très rapidement la honte d'être découvert. Exemple donné par Guyau : « De petites négresses, re-

cueillies par Livingstone reçurent des che-
mises ; peu de jours après s'être habituées à
ce vêtement nouveau qui leur cachait le haut
du corps, si on les surprenait le matin dans
leur chambre, elles se couvraient prestement
la poitrine. »

On n'en finirait pas de relever ces annota-
tions des voyageurs qui nous prouvent en
général, la convention formelle de la pudeur
selon que l'amour est physiquement envisagé,
désiré plus ou moins chaste, conformément
aux coutumes les plus diverses.

Ici la monogamie, là la polygamie. Mais,
il est à remarquer que la pudeur s'efface devant le manque de jalousie. Qu'importe en
effet de cacher des trésors, si ces trésors peuvent être mis entre toutes les mains, soit pour
raison d'hospitalité car beaucoup de maris
indigènes ne savent rien refuser à un étran-
ger : la table, le gîte ni le reste, soit par géné-
rosité car on ne saurait, dans certains pays,
ne point faire partager son plaisir charnel,
soit encore par nécessité, en cas par exemple,
d'absence du mari, pour obéir alors à des lois
de nature.

La jalousie absente, une excessive bonté
d'âme, une compréhension peu égoïste, en
vérité, des exigences physiques, détournent
l'amour de notre particulière convenance, il
n'en faut pas moins pour autoriser aux pires
lois des sexes et pour dérouter par contre la
sereine pudeur.

« Sous l'influence de la coutume, de l'opinion publique, de la civilisation écrit Th. Ri-
bot, la pudeur, subit une évolution qui conduit
aux excès de purisme de l'Angleterre actuelle
« dire estomac pour ventre, membre pour
jambe, se retirer pour aller au lit et ne pas
devoir nommer une chienne par son nom. »

C'est ainsi qu'une Anglaise se croit insultée
si l'on prononce devant elle le nom de certains
vêtements !

Le mot, à travers la dissimulation hypocrite, en arrive ainsi à perdre de sa précision ;
la périphrase semble née de cette pudeur exagérée de l'expression exacte.

Et si l'imagination de la femme distinguée
aime à se promener à l'ombre, si c'est lui
faire injure que de s'exprimer devant elle avec
trop de clarté, nous devons à son intelligence

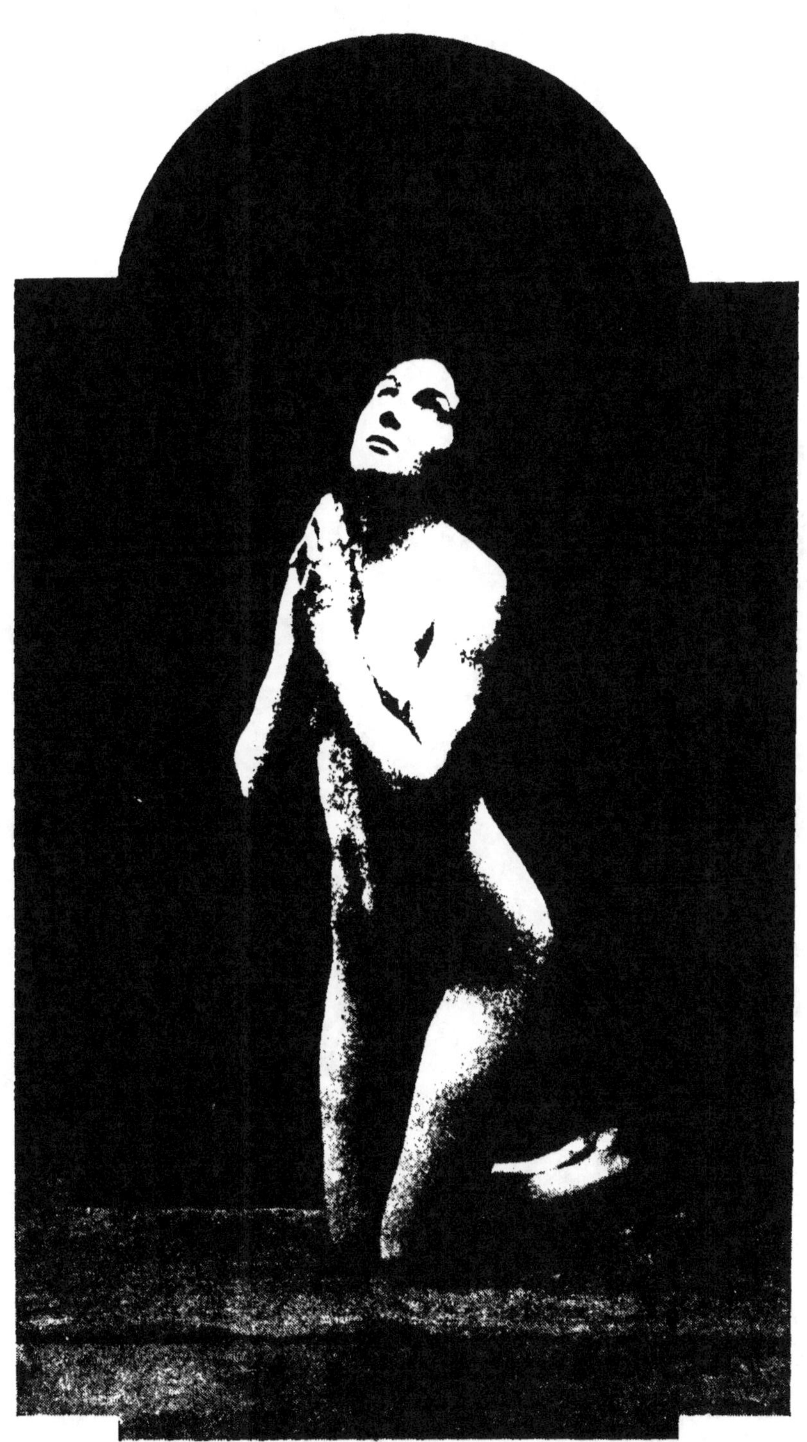

L'attitude de la Piété.

aisée, à son oreille délicate, la vérité du mot juste d'accord avec la noblesse de notre pensée.

Mais le mot technique surtout, des facteurs de l'amour, apparaît répugnant, il est réservé à la science qui réduit à la rencontre de vulgaires organes, la poésie du baiser ; tandis que l'imagination délicate cherche des qualificatifs fleuris pour son rêve.

On remarquera même, l'étonnante diversité d'appellation réservée, sous prétexte de pudeur, aux organes sexuels.

Inventés par les amants, dans un tendre jargon, ces noms nés de l'intimité, y demeurent, sans qu'ils s'altèrent à l'obscénité qualificative prônée sur les murs par les gens grossiers.

L'argot aux multiples dénominations d'éthymologie incompréhensible blesserait moins la vertu en somme, que la science aussi précise que dépoétisante.

Des écrivains ont longuement discuté sur l'influence religieuse en matière de mœurs. Selon les uns le schisme protestant entraînerait une rigidité de pudeur particulièrement exagérée, toujours est-il, que le puritanisme aigu de l'Angleterre et son intransigeance hypocrite sont proverbiaux.

L'exclamation « schoking ! » n'a d'égale en aucune langue, c'est un mot spontané d'éloquence sans rivale pour désigner en bloc tous les tressaillements de la pudeur, à tort et à travers de l'imagination excessivement susceptible. C'est la manière de rougir des Anglais.

« Une Anglaise, note Stendhal, se garderait bien, le soir à la campagne, de se laisser voir quittant le salon avec son mari et, ce qui est plus grave, elle croit blesser la pudeur si elle montre quelque engouement devant tout autre que ce mari, c'est peut-être à cause d'une attention si délicate que les Anglais, gens d'esprit, laissent voir tant d'ennui de leur bonheur domestique. A eux la faute, pourquoi tant d'orgueil ?

En revanche, passant tout à coup de Plymouth à Cadix et Séville, je trouvai qu'en Espagne la chaleur du climat et des passions faisait un peu trop oublier une retenue nécessaire. Je remarquai des caresses fort tendres qu'on se permettait en public et qui, loin de me sembler touchantes, m'inspiraient un sentiment tout opposé ; rien n'est plus pénible. »

***

M. A. Brisson dans un article du *Temps* intitulé : *Pèlerinage autour de Renan* nous parle de la physionomie morale de l'illustre philosophe, de sa timidité, de sa sensibilité voilée.

Mme Psichari, propre fille de Renan, insiste sur la pudeur de son père.

« Et M. Psichari de s'écrier avec feu :

— Oui, sa pudeur ! Le mot est juste. Mais que de distinctions il comporte !

C'est une sensation exquise que d'entendre deux êtres intelligents expliquer et raisonner leur admiration et de s'échauffer soi-même peu à peu au rayonnement de leur discours. Je suis conquis. J'aperçois Renan comme ils me le montrent, et sa pudeur m'apparaît charmante et candide. Pudeur de savant, de philosophe, d'artiste, pudeur de Breton, fils de la lande et demeuré comme tous ceux de sa race un peu sauvage et rebelle aux confidences. Maintenant je saisis la signification de beaucoup de ses actes qui m'échappaient. C'est par pudeur, et non pas seulement par bonté qu'il prêtait une oreille si complaisante à ses interlocuteurs et les traitait avec une politesse si ingénue. Il craignait de s'imposer, de gêner et qu'on lui reprochât de jouer un rôle et de viser à une royauté de l'esprit.

Mais dans sa pudeur entrait une part de fierté ombrageuse et jalousement cachée. Il eût souffert d'un refus ou d'une grossière condescendance, et pour prévenir cet accident il redoublait, lui-même, d'urbanité. Jamais il ne marquait de mauvaise humeur. Des importuns pouvaient l'interrompre à l'heure de son travail — et ils ne s'en privaient guère ! — aucun signe extérieur ne les venait avertir qu'ils étaient une cause de gêne ou d'ennui. Renan quittait sa plume ; la visite achevée, il la reprenait. Il n'avait pas cessé de sourire. M. Psichari m'a donné d'autres preuves bien significatives de cette étrange pudeur. Lorsque son beau-père se rendait en Bretagne, il

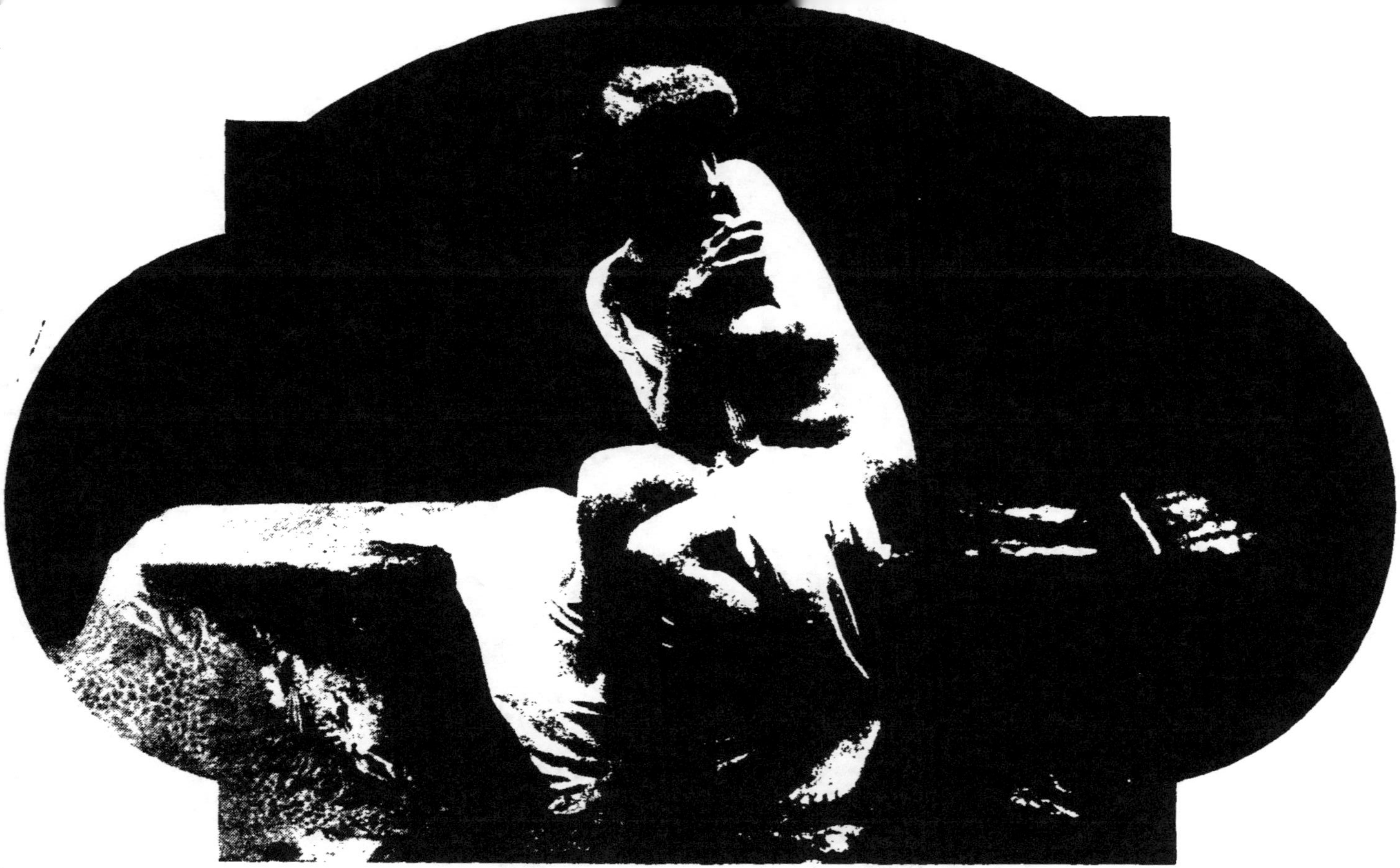

La chaste Suzanne...

voulait lui retenir une place dans le train, Renan s'y opposait de toutes ses forces.

— Cela vous est dû, disait Psichari.

— Mais non, rien ne m'est dû. Je suis très bien avec tout le monde.

Effectivement, il se casait dans son coin ; puis il s'assoupissait et ne se réveillait qu'à destination, sans avoir changé d'attitude. Il était enchanté. Sa pudeur n'avait été blessée ni par un excès de faveur, ni par un manque d'égards.

C'étaient là les deux périls qu'il redoutait le plus au monde.

La connaissance que j'ai acquise de la pudeur de Renan poursuit M. A. Brisson, m'a servi à élucider d'autres mystères.

Que n'a-t-on pas dit de sa fameuse ironie et de ce dilettantisme dont on se plaisait à croire que ses écrits et ses discours étaient imprégnés ? Or qu'était-ce, je vous prie, que ce prétendu détachement sinon l'embarras de laisser deviner ses vrais sentiments, la terreur de poser au directeur de conscience et l'appréhension des responsabilités qu'impose ce rôle trop immodeste, enfin le penchant invincible qui lui montrait simultanément les divers aspects des choses et l'empêchait de choisir entre elles. Et sa prudence, sa pudeur, sa fatale pudeur, son Egérie lui murmurait à l'oreille :

— Ne te décides pas sur les apparences, et suspends ton jugement.

Cependant que le gros public, mal renseigné, s'exclamait :

— Renan n'est qu'un fumiste !... Renan se moque de nous !... »

Voilà, certes, un exemple de pudeur d'âme, exquise. Chez un grand homme elle est une leçon de modestie, en même temps qu'un avertissement au jugement trop prompt qui souvent blesse à tort et à travers les cœurs inquiets d'un conseil ou d'une protection.

Cette timidité supérieure, frappe d'autant, qu'elle est rare chez les maîtres, préoccupés généralement d'une catégorique décision sur les hommes et les choses, avec l'infaillibilité que donne la grandeur.

Retournons maintenant à la pudeur physique.

Legouvé dans son : *Histoire morale des*

emmes a écrit textuellement : « la pudeur exige qu'on appelle des femmes comme méde- cins auprès des femmes.

Voici un point curieux à discuter.

Il est à remarquer, dans tous les cas, que la souffrance et le désespoir motivent un renon- cement à toute pudeur.

Ce n'est pas de la lâcheté que cet abandon de l'Etre en face de la nécessité, mais de la confiance.

Il ne s'agit point ici, de la femme qui se prostitue, poussée par la faim et qui livre son corps en fermant d'horreur, les yeux à l'étreinte seulement libératrice, là, c'est le suicide de la pudeur par désespoir.

Mais, admirez l'abandon confiant de la femme, dans un incendie par exemple, voici qu'elle tombe à demi nue dans les bras d'un pompier, qui n'est plus un homme mais un sauveur !

Qu'importe le sexe, présentement, à cet homme, comme à cette femme, l'un respec- tueusement avec l'auréole que donne le cou- rage frôlera de ses muscles contractés par l'effort, la chair frémissante de l'autre éperdue, femme seulement à cause de la faiblesse et de l'émoi.

Pareillement en présence de la maladie, le médecin dépouille sa qualité d'homme vis-à-vis d'une femme qui souffre, la confiance autorise la pudeur à des concessions mutuelles, puisque le médecin, tandis que sa patiente tait ses sentiments de décence dans la confiance, doit justifier de cette confiance grâce à sa science attentive.

Dans la misère l'homme est sans remords et dans la maladie la femme est sans pudeur.

(Diderot.)

La pudeur, effectivement, a de curieux effets réflexes et — l'on peut dire que pour raison de confiance, particulièrement — la majorité des femmes préfère les soins de l'homme.

D'abord parce que le jugement de l'homme est plus pondéré, en raison de son nervosisme moindre et que sa main, davantage respectueuse et délicate, est encore plus assurée.

Il y a le réconfort aussi, du visage viril penché sur la douleur, plus compatissant et davantage maître de l'émotion, et puis, les

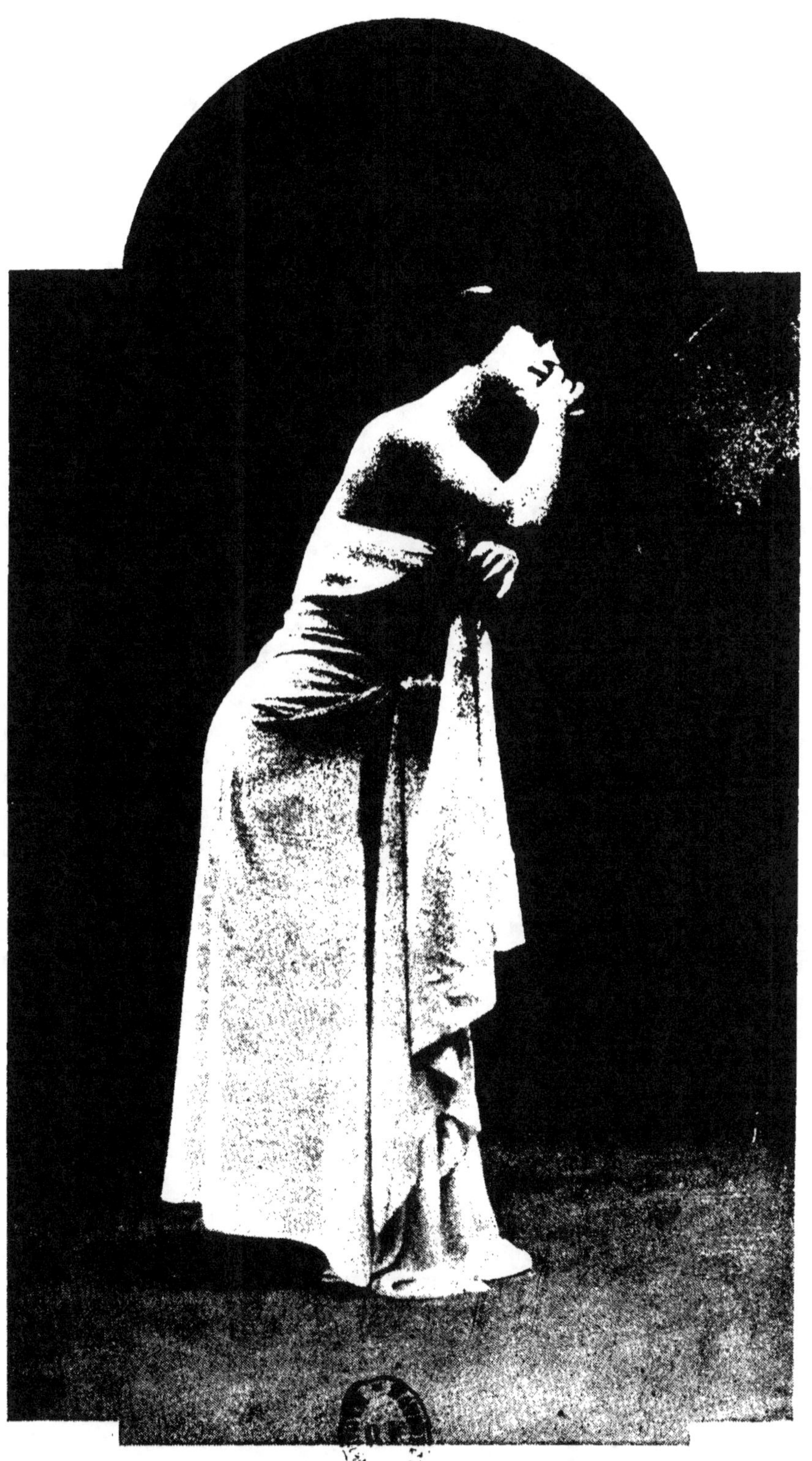

...le vol du baiser au bout des doigts.

ois naturelles n'ont-elles point désigné
'homme comme l'appui moral et physique de
a femme ?

D'autre part, les modèles femmes n'aiment
oint à poser nues devant des femmes, tandis
qu'elles prêteront volontiers la grâce de leurs
ormes à l'étude des hommes.

Toujours pour ces mêmes raisons, sans
loute, de confiance, et parce qu'elles se trouvent dans une atmosphère de galant respect
grâce à l'amour naturel qu'elles exhalent, sous
e pinceau qui les idéalise.

D'une part, la main de l'homme, dans un
accouchement, par exemple, qui s'efforce
l'être pudique, calme et caressante, presque,
ant la pensée conductrice s'attendrit au sou-
agement de cette femme — une mère, une
œur, une amante — fécondée par le baiser;
le l'autre, la vénération du regard mâle en
résence de la beauté féminine, ennobli par
'amour inspirateur.

« Les frissons écrit Guyau *(l'Irréligion de*
'Avenir) et les craintes de la femme, ont fait
a main de l'homme moins dure; sa pudeur
'est transformée chez lui en un certain res-

pect, en un désir moins brutal et plus attendri : elle a civilisé l'amour. »

Voici comment se pourrait plaider, selon nous, l'abnégation pudique de la femme vis-à-vis de l'homme et l'impudeur instinctive et déplaisante de l'uni-sexe.

Au surplus, la décence exige le mariage des sexes opposés et l'immoralité résulte de la preuve du contraire.

Mais, il est à remarquer encore, que la nature, le plus souvent, stigmatisa étrangement la femme, lorsque celle-ci voulut s'écarter de ses gracieuses attributions.

Elle créa un troisième sexe, un peu déconcertant, ni masculin, ni féminin : hybride.

La femme peintre, la femme médecin, sont, fort souvent, des anomalies sexuelles et, naturellement, cette abdication physique et morale, entraîne la faillite des apanages attachés au beau sexe : la galanterie, certain respect de la pudeur, etc., parce que l'homme, alors, traite d'égal à égal, « en camarade » ce troisième sexe.

Ce dernier cas de renoncement sexuel, mettrait enfin d'accord les qualités professionelles de l'homme avec celles de la femme, uisque cette dernière en se dépouillant, au rofit de la science, de son charme natif, est dmise de ce chef aux pareilles prérogatives ue l'homme.

Qui saurait dire pourquoi la douleur et la étresse de l'homme sont plus apitoyantes ue celles de la femme ?

N'est-ce point en raison de la dignité atta-hée au sexe fort, à cause de cette pudeur échue et à ce ravalement étonnants, chez le âle, dont l'énergie est consacrée supé-eure ?

En l'abnégation de sa gracilité pour nous essembler, la femme ne perd-elle pas de son arfum !

CHAPITRE VII

LA PUDEUR CHEZ LES SAINTS

> « Saint Jean disait à tous les fidèles de Corinthe : « Je vous ai promis comme une vierge pudique, à un seul homme, qui est Jésus-Christ. »

« Une légende qui courait le pays de la Pucelle d'Orléans, disait que la royauté perdue par une femme serait sauvée par une vierge : la femme de ruine c'était Isabeau de Bavière, la vierge libératrice fut Jeanne d'Arc ! »

Jeanne d'Arc apparaît comme un symbole de la pudeur exquise à laquelle, en partie ses juges et ses bourreaux, la sacrifièrent.

On sait que son procès roula surtout sur le port d'habits d'homme que Jeanne refusait avec énergie de quitter, tant qu'elle serait entourée de grossiers soudards, et, bien qu'elle ait promis de revêtir, à l'heure du supplice, les vêtements de son sexe, elle garda son costume masculin, contrainte, suivant une version, par ses gardiens, qui n'en mettaient point d'autres à sa disposition.

La fatale pudeur de Jeanne d'Arc était à noter et nous trouvons, dans la *Vie des Saints*, grand nombre de pareils martyrs de la pureté, préoccupés de conserver plus sûrement leur chasteté, et d'échapper plus parfaitement aux séductions du monde, en dissimulant leur vertu sous des vêtements étrangers à leur sexe !

Témoin une vierge nommée Théodore d'Antioche « laquelle, sous l'empereur Dioclétien, étant menée au *bordeau* pour être forcée et violée, se sauva habillée en soldat ».

Mais, combien s'atténue la grandeur à l'idée d'imitation, à la pensée étroite !

Voyez l'étrange attitude de ces saints, de ces saintes, la mesquinerie de leur esprit, en

contradiction formelle pourtant avec l'Esprit
superbe de Dieu.

Au mépris du corps que Dieu leur donna,
ils s'infligent des tortures physiques abominables. Leur sang coule, leur chair est pan-
telante sous le cilice et autres inventions de
cruauté plus raffinée.

C'est le bienheureux Bernard de Corléon
« déclarant une guerre cruelle à son corps
et s'appliquant à éteindre jusqu'à la dernière
étincelle de ses anciennes passions ».

« Pour conserver intact le lys de sa virginité, une sainte se livrait à des austérités
effrayantes et soumettait toute sa vie à un système de mortifications qui brisaient la nature
en la crucifiant jusque dans ses instincts les
plus inoffensifs, et en refusant au corps toute
satisfaction même légitime. »

En général, ces bienheureux « consacrent
par le martyre l'honneur de la chasteté »
malgré les commandements de Dieu qui
« bénit les nombreuses familles ».

La véritable pudeur, au reste, siège au fond
du cœur. « Un eunuque ou un séminariste peut
n'avoir rien de chaste, le sourire d'une fiancée

à son amant peut être infiniment plus virginal que celui d'une nonne ».

Et puis, la naïveté ne peut s'expliquer malgré tout, la continence après le baiser pas davantage, à moins d'infirmité, ils reçurent *de la main de Dieu* une fille... Antigone « proposa à sa femme Euphrasie de passer le reste de leurs jours en perpétuelle continence... »

C'est encore sainte Catherine de Suède qui se marie malgré sa chasteté « comptant sur le secours de Dieu pour que son mariage se fît sans préjudice de sa virginité ». Ce qui arriva, car ayant épousé un seigneur nommé Edgard, elle lui fit si bien voir la beauté de la continence, qu'elle lui persuada de la garder, en faisant vœu de chasteté, et de la sorte ils trompèrent le monde l'un et l'autre sous le nom et les apparences du mariage...

On raconte encore que cette même sainte ne manqua pas de sujets de combats pour conserver la fleur de sa chasteté inviolable, car, quelque temps après le décès de son mari, un seigneur jeta les yeux sur elle pour l'épouser et, voyant qu'il ne pouvait rien espérer par les voies ordinaires, il prit la résolution de l'enlever... mais un cerf veillait, qui « amusa » en chemin l'amoureux.

Ainsi fut sauvée, extraordinairement, la vertu extraordinaire de sainte Catherine, rebelle à l'amour conjugal malgré les commandements de Dieu.

Ainsi se trouvait réalisée la parole de Bossuet : « La vraie chasteté de l'âme, la vraie pudeur chrétienne, est de rougir du péché, de n'avoir d'yeux ni d'amour que pour Jésus-Christ et de tenir toujours ses sens épurés de la corruption du siècle ».

Ce qui frappe particulièrement aussi dans toutes les existences saintes, sacrées par la *Vie des Saints*, c'est qu'elles reculent à l'unisson devant de secondes noces.

Elles estiment le veuvage, une douce contrition, l'expiation d'une faute, enfin ; il semble qu'elles n'eussent apprécié la maternité, qu'à la condition de concevoir, comme la Vierge Marie, sans péché.

On demeure saisi devant pareille béatitude, devant cette négation de l'amour divin en faveur de l'Amour de Dieu qui n'en peut mais!

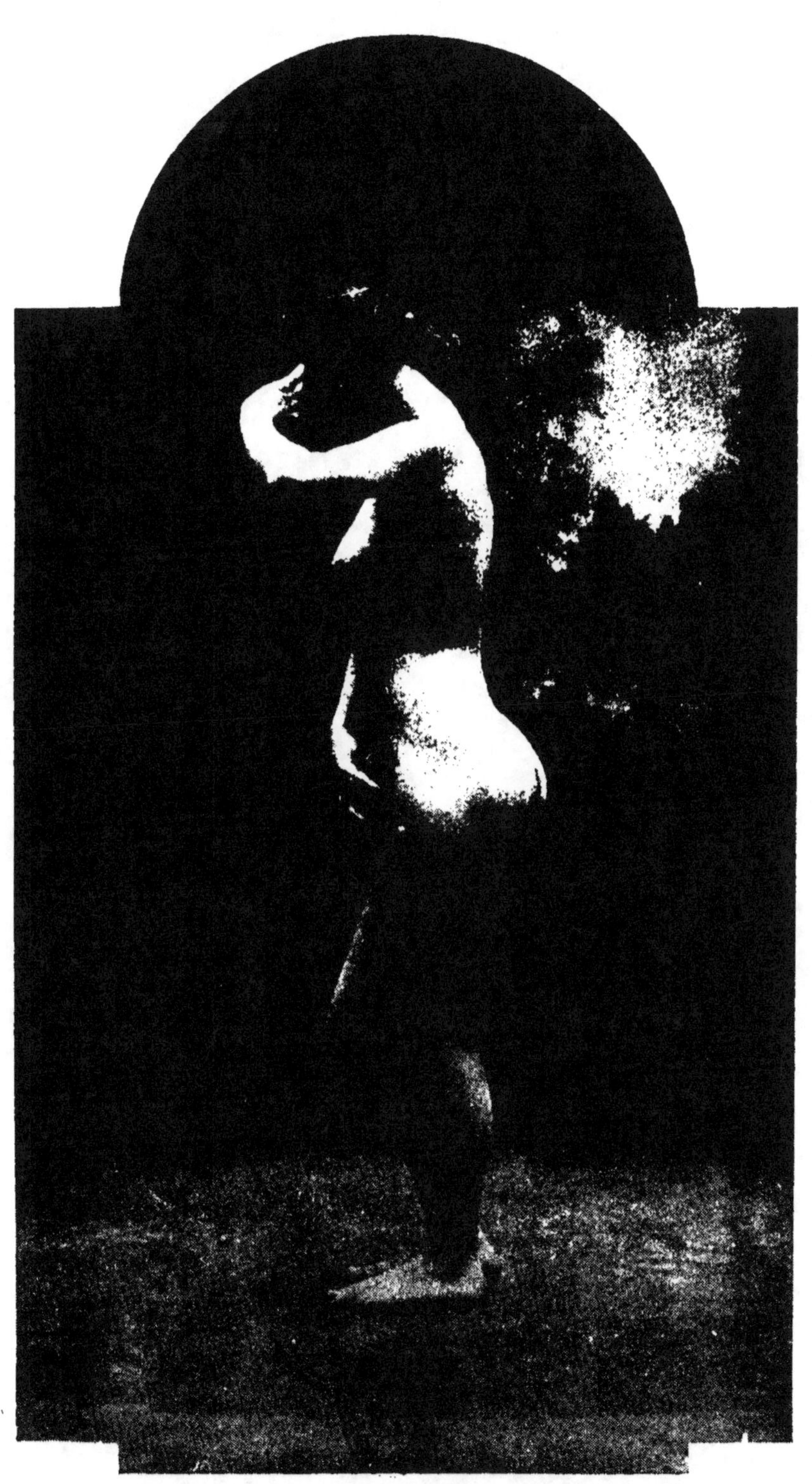

... c'est une dame surprise...

Passe encore pour celles d'entre ces bien-heureuses initiées au devoir conjugal, sinon converties, mais, que dire de la pudeur ins-tinctive, presque monstrueuse, chez les vier-ges saintes !

« La chasteté des veuves est une chasteté laborieuse, parce qu'il faut qu'elles combat-tent sans cesse le souvenir des plaisirs qu'elles ont goûtés. » (Saint Jérôme.)

De quelles fantastiques images, leur inno-cence dût-elle être hantée, pour motiver une telle honte, d'un penchant naturel ?

On mesure, en vérité, l'énormité des appré-hensions charnelles de ces saints et de ces saintes, à leur pudeur outrée, invraisem-blable !

Autre trait de subtilité hypocrite :

« Sait-on que dans les couvents il est per-mis aux religieuses d'avoir des chats, mais qu'il leur est défendu d'avoir des chattes. Les amours des chats étant extérieures ne leur tombent pas sous la vue, tandis qu'on craint que la grossesse, la mise bas, la maternité des chattes, puissent éveiller la curiosité de l'amour chez ces femmes. C'est ce que m'affirme écrit de Goncourt, une jeune fille qui a passé deux ans dans un couvent de Rouen. »

En revanche, nous connaissons une personne retraitée dans une communauté religieuse à qui l'on défendit la société d'un chien parce que « cela marquait trop » — une chienne seule lui fut permise.

Autant d'exagérations pudiques contre nature, issues d'imaginations perverses et anormales, en contradiction formelle pourtant avec la vérité qui est Dieu !

« Saint Jérôme dans le désert, dit Guyau, croyant voir comme il le raconte, danser nues au clair de lune les courtisanes romaines, avait au fond le cœur et le cerveau moins purs que Socrate rendant sans façon, visite à Théodora. »

« La pudeur trop consciente devient nécessairement impudique. »

Mantegazza (*Physiologie de la Femme*) note des cas de pudeur autrement naturelle, chez Mme de Sévigné par exemple «... parfaitement chaste et nullement sensuelle et qui, veuve à l'âge de vingt-cinq ans, ne se remaria jamais ni n'eût un seul amant ».

Chez la duchesse d'Orléans qui écrit : « J'ai été très aise quand feu Monsieur, après la naissance de sa fille, a fait lit à part, car je n'ai jamais aimé le métier de faire des enfants... C'est de tout point, du commencement jusqu'à la fin, une vilaine, dangereuse et sotte chose, *qui ne m'a jamais plu...* »

George Sand encore a dit : « Je crois qu'il faut aimer de tout son être ou vivre, quoi qu'il arrive, dans une complète chasteté. »

Mme de Maintenon aussi était fort chaste. Mlle de Scudéri disait : « L'air qu'on respire auprès d'elle semble imposer la vertu. » Et les hommes les plus entreprenants de la cour de Louis XIV n'avaient pas craint de déclarer « qu'ils feraient plutôt une proposition hardie à la reine, qu'à cette enfant de quinze ans » !

La correspondance singulièrement suggestive entre sainte Thérèse de Jésus et saint Jean de la Croix, au moins, si débordante d'amour mystique, semblerait plutôt s'expliquer pathologiquement.

Sainte Thérèse, malingre et chétive, laissait couler à pleins bords dans ses lettres la seule passion, en somme, dont elle était capable :

elle se donnait cérébralement, jouissant de toute son âme au contact d'un amant idéal alors que l'amour physique l'eût certainement tuée.

« Après avoir vécu dans une si grande sainteté elle en arriva enfin à un tel excès de pur amour qu'elle ne pouvait plus vivre sans jouir des bienheureux embrassements de son bien-aimé. »

La vertu ne serait, souvent, après tout, qu'une vulgaire question de tempérament, au service d'un physique robuste, peut-être l'amour fût-il miraculeusement intuitif !

D'ailleurs, autant Jésus était sévère dans sa doctrine, autant nous le voyons indulgent dans la pratique: « Que celui qui n'a point péché lui jette la première pierre », dit-il en parlant de la femme adultère, et la fureur du peuple s'arrête devant cette parole empreinte d'une divine indulgence.

Madeleine aussi trouve grâce devant la bonté de son cœur.

Mais conçoit-on sans sourire les scrupules de saint Louis de Gonzague, par exemple, qui, lorsqu'il s'habillait, n'osait montrer ses pieds nus à son valet de chambre ?

Comment encore s'attendrir devant l'excès de pudibonderie de sainte Angèle de Mérici, procédant elle-même au lavage de son corps, *in extremis*, selon l'usage réservé aux chrétiens avant la sépulture, afin d'éviter à ses charmes défunts la profanation du regard !

Sainte Néomoise de Sambin, elle, bergère, d'une rare beauté eut recours à un moyen aussi curieux que radical pour se débarrasser de ses adorateurs.

Tandis que quelques saints, comme saint Benoît notamment, se roulaient dans des épines pour résister à la tentation de la chair ; tandis que d'autres recouraient à d'ingénieuses macérations, à des immersions dans l'eau glacée, sainte Néomoise, appelait à elle la souveraine difformité !

Voici pourquoi, dit la légende, la jolie bergère eut l'un de ses pieds mignons métamorphosé en patte d'oie et fut débarrassée, enfin, de ses amoureux.

Goûtez encore la fine repartie de saint François d'Assise, sollicité par une courtisane, préparant pour elle et pour lui une couche de charbons embrasés !

Mais il est encore des héroïsmes plus audacieux et plus pénibles, c'est ainsi que nous relevons, toujours dans la *Vie des Saints*, l'histoire extraordinaire de sainte Lucie qui, aimée « pour ses beaux yeux », fît porter sur un plateau à son soupirant ces mêmes beaux yeux qu'elle avait sortis de ses orbites, à son intention.

Voici un digne pendant à cette pure bestialité, cette fois, c'est un saint qui d'un coup de dents se tranche la langue pour la cracher au visage d'une fille publique impudente !

A propos de saint Boniface nous transcrivons : « Ce qui brillait surtout en lui, c'était un grand amour pour la pureté ; cet amour allait si loin que quand ses parents l'embrassaient il s'essuyait ou se lavait la figure. »

On ne saurait plus dévotement recevoir le baiser paternel ! Et, saint Louis de Gonzague « qui ne regardait pas les femmes fixement, pas même la marquise sa mère » donne une haute idée de son culte filial.

Une dame encore, disait à un jeune chanoine : « On dit que soit dans les rues soit dans les maisons vous ne regardez jamais les femmes en face. » « Madame, reprit le chanoine, les femmes sont pour moi ce que les armes blanches sont pour les femmes ; plus elles sont brillantes et découvertes, plus elles me causent de frayeur et plus je me presse d'en détourner la vue. »

Espérons que le chanoine en question faisait cette fois exception pour sa mère. La franchise de ce religieux valait mieux, dans tous les cas, que la subtilité jésuitique de saint François de Sales qui, au sortir d'un entretien avec une jolie femme, sollicité de dire ce qu'il pensait de sa beauté répondit : « Je l'ai vue, mais je ne l'ai pas regardée ! »

Quant à saint Vincent de Paul, il nous apporte une note particulière, d'une sensibilité troublante : « Il évitait d'user de termes qui, quoique honnêtes, fussent capables de donner la moindre pensée à qui que ce fût, le mot de chasteté même était trop expressif pour lui : il le prononçait rarement pour ne pas faire penser au contraire. »

N'est-ce point le comble !

A côté de tel saint « qui durant les soixante années qu'il vécut ne regarda en face une personne d'un autre sexe », en voici un autre qui « lorsqu'il allait à un couvent de religieuses, prenait toujours un compagnon avec lui et tout le temps qu'il y passait faisait si peu usage de ses yeux qu'il lui eût été impossible de rien dire de ce qui s'y trouvait, même des objets qui auraient été signalés à son attention ».

L'un va même jusqu'à mortifier ses oreilles en leur refusant le plaisir d'entendre la musique « il n'aurait pas même voulu flairer une fleur ! »

L'autre s'ingénie par pénitence, à perdre le goût des mets... « ... les prêtres égyptiens s'abstenaient de sel et de fèves, qui sont aiguillons de la lubricité. Ceux qui présidaient aux temples des Romains, pour la même raison, ne mangeaient point de chair de chèvre d'autant que chez eux cet animal était l'hiéroglyfique de la lubricité. Les Athéniens eux, pour cette même raison, se servaient de médicaments, comme la ciguë (?)... »

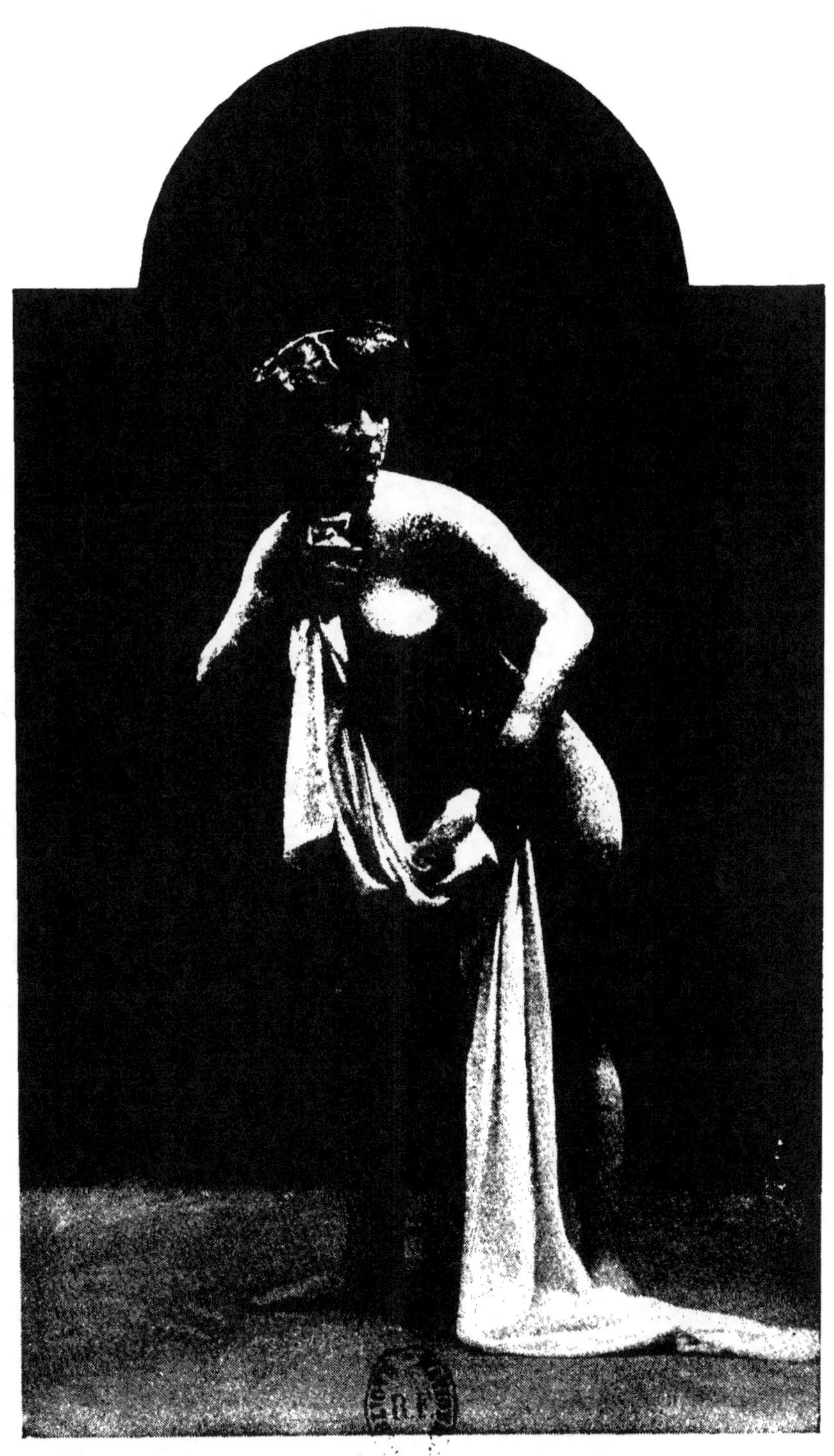

Tout à coup, cette femme, d'un geste brusque...

Mais saint Bernardin, étant jeune, manifeste sa sainte pudeur avec une crânerie, au moins énergique. « Un homme de qualité ayant prononcé devant lui une parole libre, il l'en reprit d'une manière un peu leste, mais pardonnable dans un enfant, et lui donna sous le menton un si grand coup de poing que le bruit en retentit par toute la place où le fait se passait. »

« Silence ! disaient les libertins « voici Bernardin ! » On le conçoit aisément.

Saint Josaphat, ne frappait-il pas, avec un bâton, une femme qui s'était introduite dans sa cellule pour éprouver sa chasteté ?

Etait-ce Dieu qui arma le bras de ces bienheureux ?

La cécité tant souhaitée en pareil cas, n'eût-elle pas été préférable à cette violence chez des saints ?

La figure de saint Philippe de Néri, résistant aux agaceries des prostituées et se faisant finalement battre par elles, est autrement suggestive, aussi ridicule, mais au moins plus galante.

La pureté angélique de ce saint homme au reste, était telle qu'elle l'illuminaït (sans métaphore) d'une lueur céleste.

Voici même un détail qui nous montre, toujours, à propos de saint Philippe de Néri, combien la pureté est fertile en miracles, figurez-vous que sept ans après sa mort, ses entrailles exhalaient une très agréable odeur.....

Saint Jean de la Croix, malgré son âge, ses infirmités et ses plaies cancéreuses, répandait bien une odeur suave et délicieuse, pour la même raison !

Les débuts d'Orégius, plus tard cardinal et archevêque de Bénévent, ne sont encore pas négligeables, cette bonne fortune vint au saint homme, d'un héroïsme vertueux rappelant celui de Joseph. Il paraît que l'Archevêque de Bénévent dans sa jeunesse avait aussi résisté à la flamme d'une belle dame et qu'il préféra à la caresse des bras blancs offerts, geler tout nu en plein hiver, dehors.

Ne mériterait-elle point aussi d'être canonisée l'héroïne de l'anecdote suivante ! « On raconte que François Ier, étant allé à Manosque, logea chez un particulier dont la fille par ordre de son père lui avait présenté les clefs de la ville.

C'était une personne de rare beauté et de vertu, certes, car s'étant aperçue de l'impression qu'elle avait faite sur le cœur du roi, impression que ce monarque n'avait pu cacher « elle mit un linge soufré sur un réchaud et en reçut la fumée au visage pour se défigurer, ce qui lui réussit au point qu'elle devint méconnaissable ».

On prétend que François Ier, très touché du sacrifice alloua une forte dot à la vertueuse enfant.

Autre sacrifice tout à l'honneur singulièrement dévôt d'un solitaire laïque : Ce solitaire, du nom de Martinien, allait céder à une courtisane appelée Zoé, lorsque, poussé par sa conscience, pressentant le péché, il se châtia en brûlant ses pieds à même un bûcher.

L'histoire raconte qu'il dit à la courtisane, accourue à ses cris de douleur, « Hélas si je ne puis endurer un feu si faible et de si courte durée, comment pourrai-je endurer celui de l'enfer ! »

Gageons que l'impie Zoé dut comprendre la leçon et n'insista pas sur son amour, imitant en cela la précédente courtisane à laquelle saint François d'Assise offrait si généreusement, comme nous venons de le conter précédemment, de partager sa couche de charbons embrasés !

La pudeur encore, se manifeste étrangement, *post mortem*, parmi les saints : c'est sainte Madeleine de Pazzi sur son lit de mort, détournant la tête parce qu'un débauché la regardait : c'est saint Edouard II défunt, couvrant de sa main son corps nu.....

Sainte Claire de Monte-Falcone, elle, à onze ans, commit — en se découvrant un peu par mégarde tandis qu'elle dormait — un péché très énorme.

« Depuis ce temps, elle s'arrangeait pour dormir de façon qu'elle ne pouvait se découvrir et qu'aucun de ses membres ne pouvait toucher l'autre nu... Elle ne souffrait pas non plus que même ses filles la touchassent dans la moindre partie de son corps. »

Puis, nous en arrivons au martyre de la

Pudeur, dont l'éloquence, on l'avouera, est autre, pour son geste de sacrifice toujours admirable, quelle qu'en soit l'idée !

Le martyre fait image, il s'ennoblit encore au sortir de l'imagination en fleur des artistes, toujours fraîche comme le souvenir qu'elle renouvelle ou entretient.

A défaut d'esprit religieux, un noble sentiment d'art fait illusion voici pourquoi la figure de sainte Agnès, par exemple, « dont le corps virginal exhalait une odeur délicieuse » se détache, sereine, des œuvres remarquables qui la représentèrent (celles du Tintoret et du Dominiquin entre autres) et laisse bien loin derrière elle, les pudeurs dérisoires, ou niaises de tant d'autres saintes, victimes vainement immolées à leur propre sottise, dans un geste inutile.

Quoi de plus délicieux que cette légende de sainte Agnès, qui refusant d'abjurer sa foi, fut envoyée par un magistrat de Dioclétien dans un lieu de prostitution où sa vertu, miraculeusement, n'encourut aucun dommage !

On aime à évoquer le corps nu de cette

pure jeune fille, en proie à la concupiscence dont elle triomphe, sans même avoir à se défendre, puisque, si l'on en croit l'histoire, un homme, ayant osé lever les yeux sur la chair frémissante de la vierge, fut soudain frappé de mort.

A rapprocher de cette pudeur tragique, la douceur de cette autre : une sainte ayant été un jour jetée toute nue en spectacle à la foule, vit soudain ses cheveux pousser à tel point, qu'elle put s'en envelopper chastement le corps tout entier. C'est le Christ qui « lui fit de sa chevelure un vêtement de miséricorde ».

A côté de cet héroïsme superbe, nous citerons pour terminer, la férocité érotique de l'empereur Trajan qui, sous prétexte de crime de lèse-majesté, incinéra dans une même baignoire contenant de l'étain et du plomb en fusion, les corps de cinq chrétiennes complètement nues dont il fit, après avoir fondu la chaudière, autant de statuettes représentant des vestales nues, destinées à orner l'entrée des bains.

La pudeur s'auréole d'une grâce sacrée,

aussi sacré cependant, demeure le baiser qui délicieusement la viole, car, l'amour éternel-lement vrai, chante avec le proverbe : « Si jeunesse savait, si vieillesse pouvait ! » et la Pudeur est si souvent mensongère, et si aveugle l'Innocence !

CHAPITRE VIII

LA BELLE IMPUDEUR. — MUTILATIONS ASCÉTIQUES

— Lorsque Phryné, accusée d'impiété, fut traduite devant le tribunal des héliastes, d'un beau geste la célèbre courtisane enleva le péplum qui la drapait et apparut nue aux yeux de ses juges ; « ceux-ci, dit-on, demeurèrent saisis comme d'une appréhension religieuse, et ne voulurent point que l'on portât la main sur cette image des déesses ».

Elle dut donc à sa beauté son acquittement, à une unanimité admirative et subjuguée.

Il semble, effectivement, que la vérité porte en sa nudité triomphante l'excuse de son impudeur, à ce point que Théodora, Phryné,

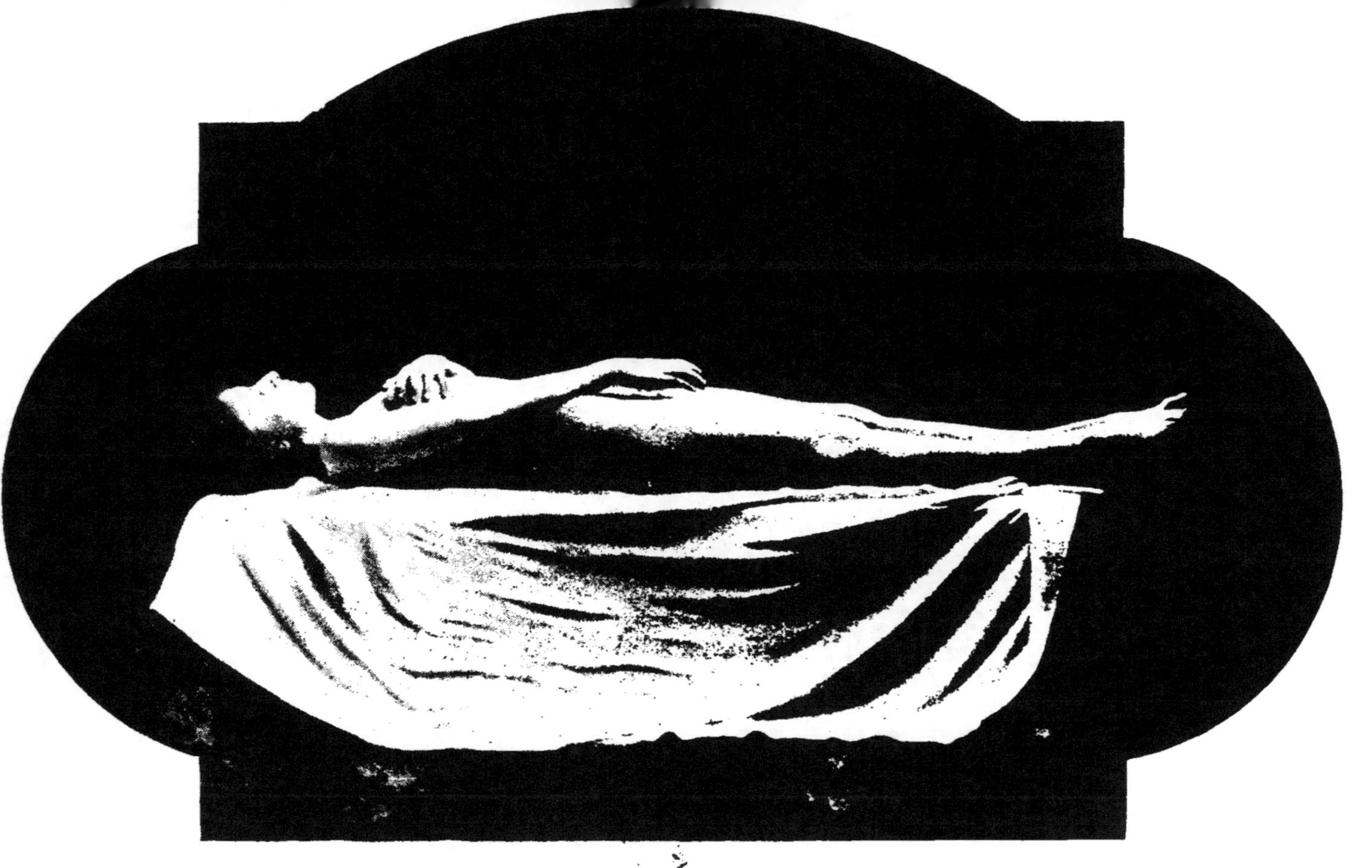

La Pudeur *post mortem*...

Messaline entre autres célèbres amoureuses, ne nous apparaissent point impudiques tant elles relevèrent grâce à leur corps splendide, la qualité de leur amour prodigue.

« Jupiter, en formant les passions, a dit Mme Lambert, leur donna à chacune sa demeure; la pudeur fut oubliée, et quand elle se présenta, elle ne savait plus où se placer; on lui permit de se mêler avec toutes les autres.

Depuis ce temps-là, elle en est inséparable; elle est amie de la vérité; elle est liée particulièrement avec l'amour; elle l'accompagne toujours et souvent elle l'annonce et le décèle. »

« Entre une carmélite et une courtisane, une Ninon de Lenclos par exemple, le sociologiste peut parfois hésiter ; au point de vue social, elles sont toutes deux à peu près inutiles : leur vie est aussi misérable et vaine : les macérations excessives de l'une sont folles comme les plaisirs de l'autre; le desséchement moral de l'une n'est pas parfois sans quelque rapport avec la corruption de l'autre » (Guyau, *L'Irréligion de l'avenir*).

Qu'importe après tout l'acte, pourvu que beau soit le geste, chez cette carmélite ou chez cette courtisane !

Aujourd'hui (et cet aujourd'hui est éternel !) écrit Mantegazza, dans la *Physionomie de la Femme*, à défaut de la pudeur qui oblige les femmes à cacher leur nudité, la honte de montrer leurs laideurs les contraindrait à se vêtir.

C'est encore, on doit le dire, une source de pudeur que cette honte qui consiste à masquer les imperfections du corps, voici pourquoi la désinvolture — hardie car elle est sûre d'elle — d'une Phryné, taît de dépit plutôt, l'inutile révolte de la vertu disgracieuse.

Que vaut cette pudeur semblable à une fleur sans arome ? Et, si les violettes modestement se cachent pour embaumer, l'attrait de les cueillir est double à la main qui les découvre, guidée par le parfum !

Est-ce pour cette raison que les femmes, indifféremment belles ou laides, préfèrent, pour se donner, l'ombre mystérieuse des rideaux clos ?

L'illusion déjà embellie par l'amour n'est-elle point accrue encore grâce à l'indécision des formes ?

Combien la joie que l'on éprouve à la révélation d'un mystère est moindre que celle que l'on appréhendait !

Chez le médecin, la femme si attentive à son charme propre, apporte instinctivement, à se dévêtir, une réserve mesurée à la somme de beauté qu'elle se décerne.

On ne relève, en définitive, l'indécence qu'en cas de déception esthétique.

Et, de même que selon Balzac il y a des mouvements de jupes qui valent un prix Montyon, il est des effarouchements fort inutiles lorsqu'ils n'ont point la beauté pour excuse.

« La pudeur est d'abord une crainte que nous avons de déplaire, d'avoir à rougir de nos imperfections de nature. Nous connaissons les secrètes exigences de notre corps et nous sommes honteux de nous montrer en tant d'occasions ses esclaves.

De même, l'amour a ses mystères ; il est des secrets dont nous nous constituons les gardiens fidèles et que nous ne dévoilons pas même à nos âmes. » (Renouvier et Prat.)

« En 1890, dans un voyage à l'intérieur de Java, il m'arriva, conte M. von den Steiner (Dr Stratz. *La Beauté de la Femme*) de rencontrer un matin, près de Singaparna, de grandes troupes de femmes, jeunes ou vieilles, nues jusqu'à la ceinture, qui se rendaient au marché. Ma première impression fut le sentiment d'effroi décrit par Gœthe, à la vue de ces nudités réunies en si grand nombre et dans un cadre qui ne m'était pas familier. Cependant, bien qu'il y eût dans le nombre plus d'un torse de jeune fille beau comme le classique, le dégoût qu'inspiraient tant de laideurs si naïvement exhibées emporta la balance et je compris pourquoi la plupart des femmes préfèrent ne point se décolleter, lors même que la mode le permet. »

Si Phryné n'avait convaincu ses juges de la splendeur évidente de son corps, si le diamant audacieusement sorti de l'écrin n'avait été qu'un strass, la grossièreté de l'acte de la courtisane se fût encore aggravée de l'obscénité du geste.

D'ailleurs s'écrie Voltaire « c'est une superstition de l'esprit humain d'avoir ima-

giné que la virginité pouvait être une vertu »
et Renan ne blâme pas absolument l'impureté
« il jouit comme il le dit lui-même, des joies
du débauché, des ardeurs de la courtisane » ;
il a la curiosité infinie, la parfaite impudeur
du savant.

Dans différentes contrées du Brésil, les
indigènes n'approuvent pas la chasteté chez
une femme non mariée, parce qu'ils la regardent comme une preuve que sa personne n'a
aucun attrait.

Serpa Pinto raconte qu'à son arrivée au
Benguéla, il eut une affaire galante. Il dut,
pendant une nuit entière, subir le voisinage
des filles du roi des Amboulas. Nouveau
Joseph ils se montra timide. Mais *pour ne pas
les déshonorer aux yeux de leurs compagnes,
il dut se résigner à passer pour leur amant.*
Les habitants des îles des Larrons et des îles
Andaman, vont même plus loin, ils considé-
rèrent cette vertu comme une marque
d'égoïsme et d'orgueil.

En vérité, la beauté se trouve prisonnière
entre le désir superbe de s'étaler et la modestie de se faire admirer.

12.

Hérodote nous dit « chez quelques peuples barbares, c'est un opprobre que de paraître nus ». Voici une inversion de la pudeur que cette appréciation générale, c'est une opinion de dire que le spectacle de la nudité est honteux, dans l'Inde encore actuellement, l'injure commune dans les peuples est de montrer une partie de sa nudité à ceux dont on veut se moquer.

La Mouquette (*Germinal*. Emile Zola) certainement, en retroussant ses cottes devant ses ennemis est nettement grossière, d'autant que son geste obscène n'attire l'attention sur aucun charme, si au lieu de son postérieur elle eût découvert ses seins, par exemple, l'intention irrespectueuse eût fait place à de l'admiration.

Certaines parties du corps, en effet, s'auréolent de leur idéale fonction. Ce qui est protégé dans la répression de l'attentat à la pudeur c'est pour ainsi dire la pudeur d'une personne en particulier, dans celle de l'outrage : la pudeur de tous.

L'intention d'un geste rendrait seul le corps nu impudique.

« Aimons la chasteté plus que toutes les autres vertus, c'est elle qui rend le cœur pur (Bossuet.)

Si la pudeur demeure un sentiment de délicatesse intime, on éprouve une révolte à l'observer contrainte et forcée, si le geste impudique au moins trouve l'excuse dans la beauté, que penser de la ceinture de chasteté par exemple, qui viole les sentiments de l'être et ravale à la fois le porteur de cette ceinture et celui qui l'imposa ?

De même, la clitoridectomie, l'infibulation jusqu'à la circoncision qui, chez les Juifs, était une image de la pureté nécessaire de l'âme que les prophètes appelaient la « circoncision du cœur » et toutes les mutilations génitales encore usitées notamment en Australie, en Turquie, n'offrent point l'intérêt vertueux essentiel à la pudeur, au parfum volatil, puisque l'on sait qu'il serait impossible à telles lèvres de rendre les baisers qu'on leur donne.

Qu'importe encore à ces femmes castrées, le sourire d'un enfant, dans l'impossibilité qu'elles sont maintenant de procréer. Le retranchement d'un organe, en outre, entraîne forcément une amnésie particulière.

C'est ainsi que le spectacle d'un enfant doit paraître bien étrange à un eunuque !

La ceinture de chasteté eut pourtant, si l'on en croit Ovide : *castaque fallaci zona recincta manu*, une poétique origine. Elle dériva sans doute de cette ceinture faite de laine d'une brebis sans tache, dont les anciens paraient les jeunes mariées et que l'époux devait dénouer lui-même.

La jalousie honteuse s'empara fatalement d'un symbole et Rabelais par la bouche de Panurge s'écrie brutalement: « Le diable m'empourt si je ne boucle pas ma femme à la bergamasque ! De même que Mme de Sévigné fait dire à Mme de Cornuel à propos de son mari qui à l'aide de l'inconvenante ceinture mit en fuite ses adorateurs « Il a mis un bon suisse à la porte !»

De sorte que voici une image vulgairement envolée sur l'aile des sens !

« La chasteté est le plus riche trésor des femmes et cependant la plupart se la laissent dérober, disait un railleur dans une société.

C'est qu'il est bien difficile reprit une dame, de garder un trésor dont tous les hommes ont la clef. »

Ceci pour démontrer l'inutilité d'une serrure lorsque la vertu possède un « passe-partout ».

Alors que certaines tribus sauvages dont nous parlâmes, paradent de leurs organes génitaux, « pudiquement » à leur manière de civilisation, voici les exhibitionnistes, déments obscènes, appliqués au même soin d'aberration licencieuse.

Se sont des satyres modernes, jouisseurs platoniques de l'horreur vicieuse qu'ils soulèvent, au spectacle de leur rut complaisamment étalé.

L'hypothèse poétique de l'amour est ainsi tuée par la brutalité d'un vulgaire organe de reproduction, machinal et laid comme le cerveau qui l'irrite.

A côté de l'exhibitionnisme morbide, voici, par opposition, la honte instinctive de l'organe, c'est la vessie pudique, malgré nous.

On sait que cette particularité consiste en la

presque impossibilité de pouvoir satisfaire à un besoin naturel sous l'œil indiscret.

Le phénomène est courant de cet avertissement à une pudeur même involontaire, il méritait par son caractère d'indépendance, d'être fixé par notre plume, malgré sa trivialité.

En pendant à la ceinture de chasteté, pour la pudeur obligatoire, dont l'usage ne subsiste guère hors notre mémoire choquée, voici l'infibulation cruelle, pratiquée encore chez les bonzes de l'Inde notamment et dans quelques régions de l'Egypte et de l'Algérie !

Cette opération, qui atteste d'une chasteté aussi évidente que contrainte, apparut nécessaire chez ces peuples aux passions brûlantes inséparables d'une jalousie effrénée.

Ici, l'éducation morale des femmes étant nulle, il fallut qu'un obstacle mécanique vînt encore mettre un frein à la passion mal contenue. On régla les transports de la bête, faute d'enseigner la vertu et d'assujettir l'âme à une règle de décence. Au reste, une loi de pudeur eût dépassé le but de la luxure hypocrite, chez ces peuples, qui semblent n'admettre la jalousie que par égoïsme, et qui ne craignent pas d'attenter à la propriété d'autrui leurs précautions personnelles aussitôt prises.

La clitoridectomie, elle, est plus radicale, mais davantage monstrueuse et niaise, puisque sous prétexte d'éternelle continence, elle tue en même temps le plaisir chez la femme et chez l'homme, car ce dernier ne saurait aimer un corps qui ne lui rendrait pas ses caresses !

Quant à la flagellation sa pratique ambiguë est étrange.

Tandis que les saints meurtrissent ainsi leur chair pour se garder du péché, les vicieux usent du même procédé pour réveiller leurs sens et les disposer à l'amour !

Comment démêler le résultat véritable de ce procédé, tour à tour pur et impur, selon qu'il est employé saintement ou érotiquement.

N'empêche que l'ensemble de ces modes d'apparence vertueuse constituent les pires attentats à la pudeur, leurs sollicitations masquées irritent le désir par la luxure qu'ils soulignent.

C'est à se demander encore si les barreaux

de la cage n'entretiennent pas chez l'oiseau, la soif d'être libre !

Les ascètes eux « n'ont plus rien à cacher parce que leur plan est de montrer à l'humanité ses misères et de lui en faire honte, sans s'épargner eux-mêmes, dans l'accusation générale qu'ils intentent contre la nature. Leur idéal est en un mode d'existence, si ce n'est d'anéantissement, qui supprime le sujet pour en ôter les souillures » (Renouvier et Prat.) C'est de l'impudeur à cause de la basse humilité !

Il semble qu'à mesure que la morale va s'amoindrissant, que les mœurs se dissolvent davantage, l'idée de pudeur se développe et qu'on éprouve le besoin de réprimer plus sérieusement les excès d'impudicité.

C'est le fruit de notre civilisation hypocrite !

Jamais la nudité n'inspira tant de luxure que lorsqu'elle connut le vêtement, et les mœurs du christianisme réagirent d'abord contre les tendances voluptueuses qui naquirent au fur et à mesure que se voilaient perversement les charmes.

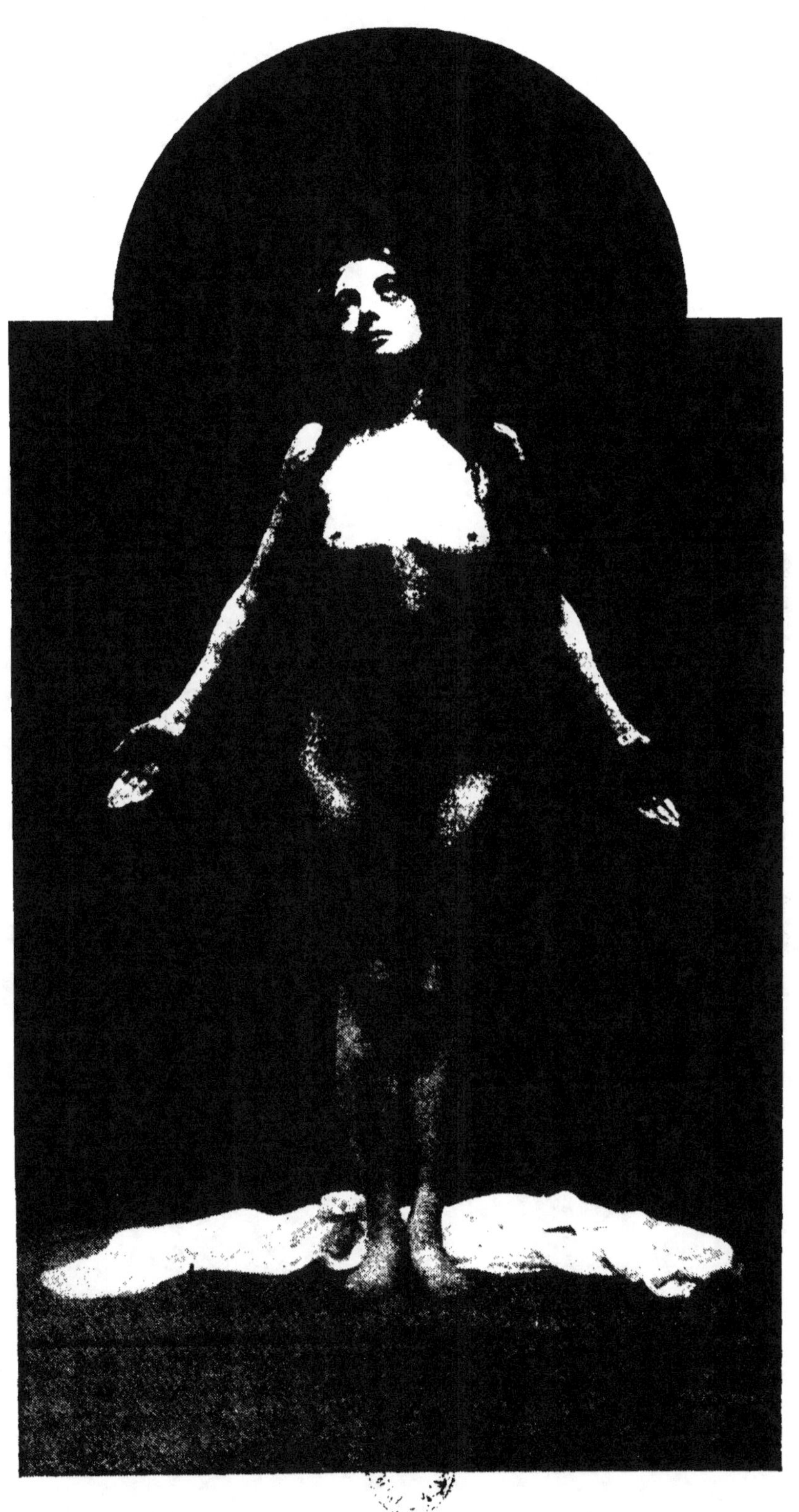

Une Sainte vit soudain ses cheveux pousser...

Les empereurs chrétiens essayèrent ensuite de les combattre par de nouvelles lois, mais c'est toujours dans ces législatures, l'idée religieuse qui paraît dominer.

La loi de Moïse défendait même, aux Juifs, la chair des animaux impurs !

Le rigorisme protestant, de son côté, attentait à la vérité du nu en l'assujettissant à d'étroites conventions de morale, l'esprit protestant auquel l'art échappe totalement, se complut dès les premiers à une discipline d'austérité farouche, il traça une voie d'hypocrisie particulière, indélébile. Nous subissons malgré nous, encore aujourd'hui, cette morgue contre laquelle s'élève si désespérément, notre franc esprit gaulois !

En Egypte, le rapt, le viol, l'adultère étaient punis par la loi, mais nulle part dans les riches collections des papyrus du Louvre, de Turin, du British muséum ou du musée de Berlin, ne se trouve un acte se rapportant à la répression de notre infraction.

Nos lois actuelles sont, tellement elles apparaissent subtiles, ce qu'est le déshabillé au nu, c'est-à-dire davantage capiteuses par l'ingéniosité vicieuse du texte qui prévient le délit quelconque d'impudeur.

L'abondance des considérants prouve, au reste, la difficulté de définir exactement où commence ce délit, tant varie suivant l'individu, l'émotion qu'il soulève.

Sous l'empire de la loi de 1791, était seul puni l'outrage à la pudeur des femmes.

On saisit mieux cette distinction première qui sauvegardait d'abord la famille en la personne de l'épouse et de la mère; mais aujourd'hui qui saurait préciser l'immoralité?

En matière d'art, image ou livre, il apparaît que seule la qualité de cet art suffirait à excuser la licence.

La verve érotique de nombre d'ouvrages anciens, encore, ne blesse nullement nos sentiments les plus délicats pour cette raison de mérite artistique. La polissonnerie aussi, gagne à la poussière des années comme les tons criards passent au soleil des temps, le latin et le vieux françois bravent enfin l'honnêteté.

Au surplus, il apparaîtrait que nous sommes mauvais juges présentement, du délit d'impudeur qui s'auréole souvent à travers les âges, d'un génie que nous ne saurions prévoir, et malgré nous, nous glorifions telle œuvre, surtout parce qu'elle en impose par la consécration.

C'est le sort d'un Rabelais, dont la trivialité belle a fini par triompher de la répugnance première.

Il faut avouer aussi que l'esprit grivois s'est singulièrement transformé à travers les générations, sans toutefois que la pruderie perde ses droits.

Tandis que nos aïeules cachaient derrière leur éventail le rouge de la honte, au moindre mot un peu risqué, à la moindre image à peine décolletée, les grandes dames d'aujourd'hui « rougiraient » de rougir, à la grossière inconvenance de certains cabarets à la mode, par exemple, de certaines gravures même obscènes, cela pour complaire à l'originalité qui consiste « à être de son temps », « dans le train. »

Cela tient en partie au désir d'amour, plus subtil, enveloppé de plus d'hypocrisie : sorte de bonbon poivré cher à l'hystérie, à la neurasthénie présentes, en place de l'amour valide.

Au lieu de la plaisanterie bon enfant, du gros sel de naguère, c'est le sous entendu égrillard, suant le vice, caché sous des fleurs empoisonnées, l'amour fourbu enfin, réduit à des plats étranges où se salit le baiser.

Nous sommes à l'époque des « dessous » capiteux et des cartes transparentes, des étreintes anormales et compliquées, nous aimons les parfums curieux, les harmonies morbides, jusqu'à notre art qui verse dans l'étrange malsain, abnégation de la forme et de la couleur: Modern-Style !

Les époques de décadence ont toutes sombré dans ces excès, la pudeur se trouve mal à l'aise, en vérité, au milieu des sexes éperdus.

N'empêche que le « bon ton » donne encore l'illusion de la décence et que l'âme peut se ressaisir après certains abandons distingués.

Il y a des bibelots Japonais, en porcelaine, qui rendent assez bien la note virginale moderne.

Regardez cette statuette de jeune fille, par

exemple, au visage candide, si chastement
drapée aussi dans sa soyeuse robe, vous serez
charmé de la naïveté liliale de l'ensemble...
ne vous avisez pourtant pas de retourner cette
statuette, ici l'artiste japonais vous guette
avec un malicieux sourire... envolée l'illusion
immaculée !

- Car au verso de la statuette adorable, pré-
cisé à dessein, s'indique un geste ou une image
obscènes, dont le contraste vous stupéfiera.

Le qualificatif moderne de « demi-vierges »
entraîne une demi-pudeur chez la jeune fille
actuelle qui préfère rire à un mot scabreux
plutôt que d'avoir l'air d'une « bécasse » en
prenant une attitude pudique.

La pudeur, d'autre part, résultant d'une
émotion, on aime souvent ressentir l'émotion
contraire équivalente, c'est ce qui expliquerait le vif plaisir qu'éprouvent certaines
femmes à se laisser gifler d'un mot honteux
en des bouges où déjà la fleur de leur corps
risquerait de se faner.

Ce viol de la pudeur est tout un frisson qui
semble avoir son prix, c'est encore une
caresse où vibre l'âme curieuse.

Tandis que la courtisane affichera des airs pudiques pour changer, la mondaine, dans le même but, cherchera des poses équivoques, l'une et l'autre de ces femmes puiseront, en somme, une sensation agréable.

« Une femme vulgaire, d'après Stendhal, en outrant la pudeur, croit se faire l'égale d'une femme distinguée. » Il n'y a pas, hélas, que les femmes vulgaires qui exagèrent cette vertu pour en donner l'illusion, combien de courtisanes furent converties à la rigidité par la perte de leur beauté !

« Le diable en devenant vieux se fait ermite » dit le proverbe, et il n'y a pas moins indulgente qu'une femme excessivement maigre, par exemple, à l'égard d'une autre un peu forte, car on aime généralement à faire expier aux autres l'envie que les autres nous inspirent, de même que le regret de lointaines dissipations dicte à certaines une austérité tardive, d'autant plus aiguë que la dissipation a été grande.

Vous remarquerez encore l'acharnement impitoyable avec lequel les femmes généralement, jugent la faute commise par l'une d'elles, on dirait ma foi, que leur propre vertu leur pèse et que la sévère condamnation qu'elles prononcent, est en rapport avec l'importance du sacrifice de leur vertu.

Certains hommes aussi ont d'étranges retours à une vertu excessive, témoin l'observation suivante empruntée au *Journal des Goncourt:*

« Ma voisine de table d'hôte m'avoue, avec des regrets qu'elle ne dissimule pas, qu'elle n'a jamais mangé d'écrevisses bordelaises, parce que son mari trouve que c'est un manger de lorette. »

La haute morale protocolaire ne s'avisa-t-elle pas, lors d'une représentation de gala à l'occasion d'une auguste visite, de faire expulser de la loge qu'elle occupait au théâtre, une courtisane célèbre dont la beauté, sans doute, attentait à la pudeur officielle ?

Une dame du meilleur monde nous montrait dernièrement, les yeux mi-clos, à peine rougissante, des gravures obscènes, mais exécutées, à vrai dire, avec un art admirable.

Comme nous étions visiblement gêné de contempler ces images que nous tendaient de

si jolies mains, la dame rit de notre embarras,
puis elle trouva vite l'excuse au reproche
que nous lui faisions pressentir : « Je vous montre ces... horreurs, vous savez, uniquement
parce qu'un art supérieur les absout !... »

N'était-ce pas là le cas de la courtisane,
rayonnante de beauté ?

Les Grecs au moins, étaient de mœurs plus
catégoriques : au théâtre d'Athènes, les
femmes occupaient une galerie haute appelée
cercis, peu commode pour voir et pour être
vu, elle était réservée aux femmes honnêtes et
qui tenaient à leur réputation. Quant aux
courtisanes, il paraît qu'elles se plaçaient, soit
parmi les hommes, soit dans une galerie particulière.

Et pourtant, malgré ces sages précautions,
d'après la Lisistrata d'Aristophane combien
l'impudence des Athéniennes était choquante, et dans Rome déjà corrompue avec
quel scandale ne vit-on point encore les dames
romaines se présenter au tribunal des trium-
virs !

Chez tous les anciens peuples policés, on
remarque cependant en matière de catégories

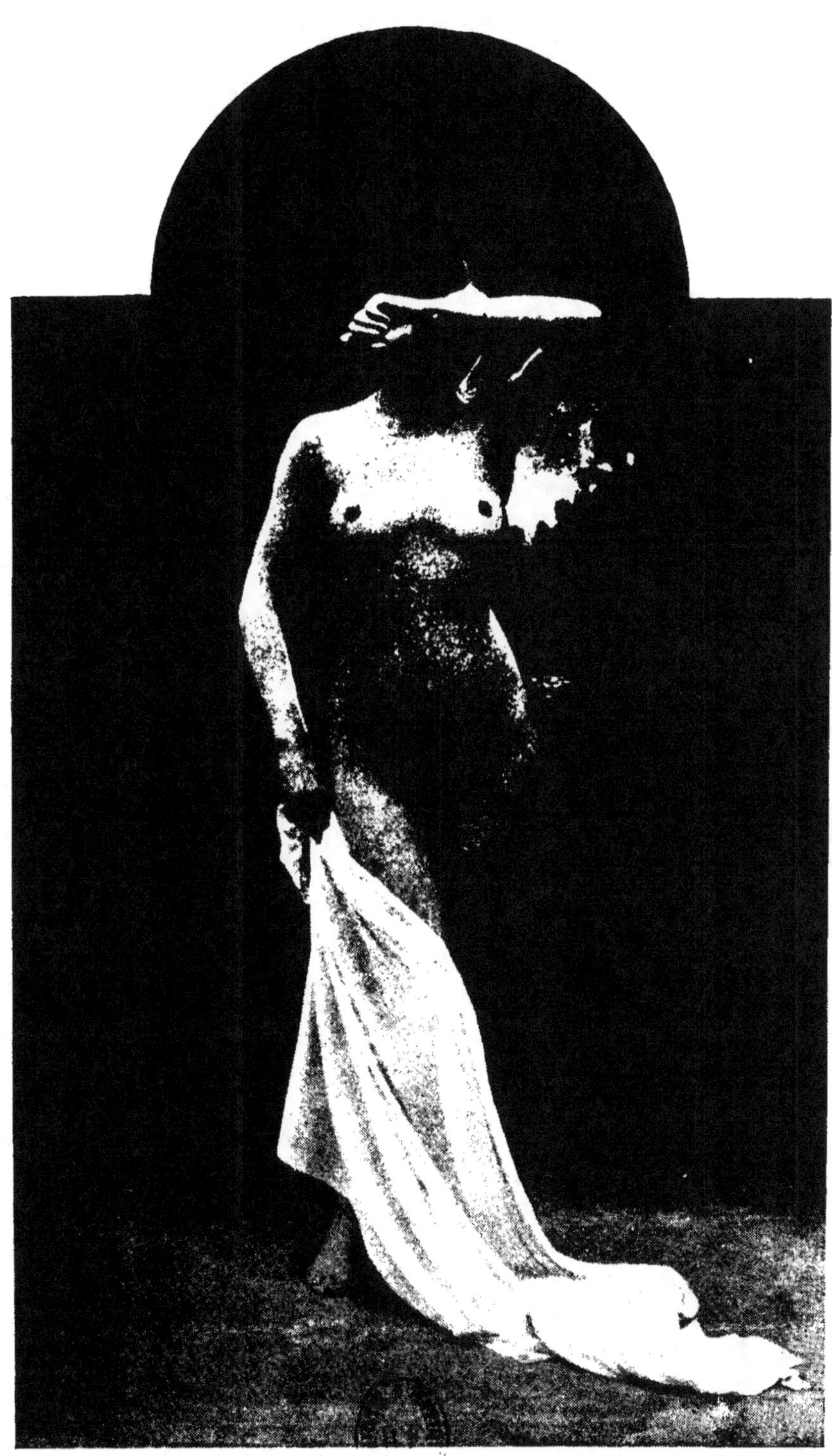

Phryné

morales, que les femmes ne se montraient guère en public et jamais avec des hommes avec lesquels elles ne devaient pas davantage se promener.

Elles n'occupaient pas la meilleure place au spectacle, pour n'être point trop en montre et encore, tous les spectacles ne leur étaient pas autorisés, l'on sait qu'il y allait même de la mort pour celles qui auraient osé se produire aux Jeux olympiques !

*_**

En principe, on peut dire qu'un acte est impudique lorsqu'il a été consommé entre trois personnes, on admet ainsi qu'en dehors du groupe amoureux consacré, il est un spectateur immoral : cette troisième personne, dont la présence ne s'explique point en dehors du vice.

Nul regard profane donc, ne doit soulever le voile de l'intimité, de la garantie de l'amour qui s'échange en le nid clos, sous l'œil de Dieu seul et, tout baiser cueilli dans un lieu public ou réputé tel (comme un fiacre, un wagon) offense la pudeur commune.

13.

C'en est fait des étreintes sous la feuillée,
dont ne s'effarouchent pourtant pas les moi-
neaux, gare le garde champêtre qui fait couler les larmes alors que les lèvres frémissent
encore de la caresse inachevée et que la jupe
de l'aimée est encore toute froissée, tandis
que, une à une les fleurettes et les brindilles
un instant foulées, relèvent leurs têtes curieuses et délicieusement meurtries.

Que le diable emporte le gêneur « la troisième personne ! » Fermez bien vos rideaux,
encore, les amoureux, car le badaud qui passe
après avoir longuement dégusté la joie de vos
baisers, se révélera soudain sévère moraliste,
il ne vous pardonnera point votre plaisir qu'il
ne partagea pas, l'austérité farouche de ses
mœurs grandit à cette rancune et à cette
jalousie !

Et de quoi le badaud en question, se plain-
drait-il au surplus, puisque ce n'est que lorsque son regard se fut à l'aise repu de la luxure
d'autrui qu'il songea à l'offense qui lui était
faite ?

Pourquoi ne pas renvoyer en pareil cas, dos
à dos, les amoureux et... l'indiscret ?

Les amants ignorent la pudeur, a-t-on dit
justement, et la femme mariée la plus chaste
peut être aussi la plus voluptueuse de même
que la femme la plus vertueuse peut être indécente à son insu.

« Quand deux êtres sont unis par le plaisir
toutes les conventions sociales dorment... ».
Mais, Balzac à qui nous empruntons cet apho-
risme, fait seulement des réserves à l'endroit
du mariage. « Un mari est perdu, s'il oublie
une seule fois qu'il existe une pudeur indé-
pendante des voiles. L'amour conjugal ne doit
jamais mettre ni ôter son bandeau qu'à propos. »

Il est vrai que fort peu de maris aiment
leur femme à la façon d'une maîtresse, mais
cela serait plutôt dommage puisque l'épouse
a très souvent l'étoffe d'une amante sans pour
cela abdiquer sa vertu et ses qualités domestiques.

Préjugés hypocrites que tout cela, savam-
ment entretenus par la jalousie du mari qui
aime à taire la satisfaction intime qu'il re-
cueille au contact des sens aiguisés de sa
femme afin que nul n'ose attenter à son bien.

Durant l'étreinte amoureuse, la pudeur s'envole, elle sert seulement de préface au désir, et, la femme qui serait préoccupée de cette vertu au moment où les lèvres communient dans le baiser, donnerait une piètre idée de l'ardeur de son amour ou de son tempérament. A quoi bon, au surplus, un scrupule de honte entre deux complices de la même joie, à moins que l'on ne goûte pas pareillement cette même joie !

Mais aussi, lorsque le baiser a vaincu l'amour, lorsque le vertige est passé, la pudeur un instant cachée, reparaît; envolée avec le plaisir, la voici qui revient en même temps que se calme l'émotion.

Il semble que sans ce retour, le désir ne reviendrait pas davantage car l'amour a besoin de solliciter la pudeur.

Au fur et à mesure que la femme se revêt, l'illusion idéale disparaît à chaque vêtement dépoétisant, ce sont les bas, les jupons et le pantalon, pourtant garnis de dentelles suggestives, mais en même temps que se recouvre la chair, le miracle de l'amour s'évanouit.

C'est certainement ce qui explique pourquoi le modèle qui vient de poser nu devant un artiste — l'illusion idéale ici est l'art — se cache pudiquement ensuite pour nouer ses jarretelles lorsqu'elle se rhabille.

« La honte qui voile aux yeux d'autrui les plaisirs de l'amour est quelque chose : c'est ainsi qu'elle couvre leur sommeil des ombres de la nuit afin que, durant ce temps de ténèbres, ils soient moins exposés aux attaques les uns des autres. »

L'obcurité, la nuit et la solitude, ont encore l'avantage de dispenser de la pudeur si elles ne dispensent pas de la chasteté.

Car la pudeur et la chasteté sont deux choses si différentes que telle femme ne laisserait pas voir son bras nu qui au fond du cœur brûle d'une flamme adultère. Telles sont généralement les femmes d'Orient qui, pour la plupart, n'ont pas moins de lubricité que de pudeur.

Et à propos de l'intimité du baiser: « Vous êtes l'époux d'*Agathe*; et en cette qualité vous avez des droits sur elle qu'elle ne vous conteste pas, mais le temple où on vous les a accordés, n'est pas le lieu où on vous permet d'en jouir, et les témoins de votre engagement solennel, ne doivent pas l'être de vos tendres embrassements. »

Relativement à la tempérance du désir : « *Thisbé* souhaite ardemment d'être dans les bras de *Pyrame*, ce désir n'est point un crime: mais il ne faut pas qu'elle s'y jette. Qu'elle soupire en secret après l'instant heureux qui doit l'unir à son amant, qu'alors elle se prête sans scrupule à ses innocentes caresses, à la bonne heure, son devoir n'en souffrira pas, mais qu'elle n'aille point au-devant par un empressement trop lascif. »

« Ah ! que de visites de femmes dites d'avance par le coup de sonnette, observent les Goncourt. La première fois que la femme vient se rendre, quelle pudeur, un tout petit tintement ! Et les fois suivantes la sonnette carillonne, orgueilleuse comme l'amour qui s'affiche. Et, à la dernière visite pour un peu, elle pleurerait. »

Ce sont là les étapes des sentiments de l'amour, la progression délicate de l'émotion, du désir dont il faut retenir « le tout petit tintement » du début, pour son souvenir plus vivace aux cœurs qui se sont dignement aimés.

Le délit d'impudeur occasionné par l'image, lui, est particulièrement difficile à préciser, en dehors de la qualité d'art exclusive dont nous parlions, d'autant que le plus souvent, l'intention obscène ne vient pas du dessin, mais de la légende.

Cette addition de brève littérature est pernicieuse, parce qu'elle se vautre dans des sous-entendus, des jeux de mots où le vice semble dormir tandis que le vicieux ne serait que celui qui trouble ce sommeil.

Outre que le sommeil en question ne demande qu'à être troublé, comment demeurer indulgent devant une grossièreté ? La qualité d'esprit d'une légende, encore, l'absoudrait à l'égal du beau dessin, la valeur d'une belle œuvre est indiscutable certainement, malgré sa tendance; reste le rire qui désarme.

L'émotion des saints auteurs, relativement à la suggestion de l'image leste est amusante à lire.

Le démon, dit saint Chrysostome, se trouve toujours proche des tableaux qui

représentent des nudités, sous les images
tantôt d'une fornication et tantôt d'un amour
encore plus infâme, car, que veut dire cet
aigle, ce Ganymède, cet Apollon qui court
après une vierge ?

Saint Augustin rapporte encore cette comédie de Térence où un jeune débauché avoue
ingénuement qu'il ne s'est pas fait scrupule de
commettre des impuretés depuis qu'il a considéré un tableau : « Jupiter qui fait descen-
dre une pluie d'or dans le sein de Danaé pour
la tromper. »

Aurions-nous jamais su, dit-il, ce que signifient ces mots « une pluie d'or, le sein d'une
femme, une tromperie, les voûtes du ciel», etc.
si nous ne les eussions ainsi vues représentées ?

En vérité, le jeune débauché en question
était extrêmement naïf ou fameusement stu-
pide !

D'autre part Clément d'Alexandrie fait le
procès des mêmes tableaux lascifs: « Ils parent
leurs appartements de ces sortes de tableaux,
ils y arrêtent leur vue et leur imagination et
se font une religion de leur impudicité. Etant

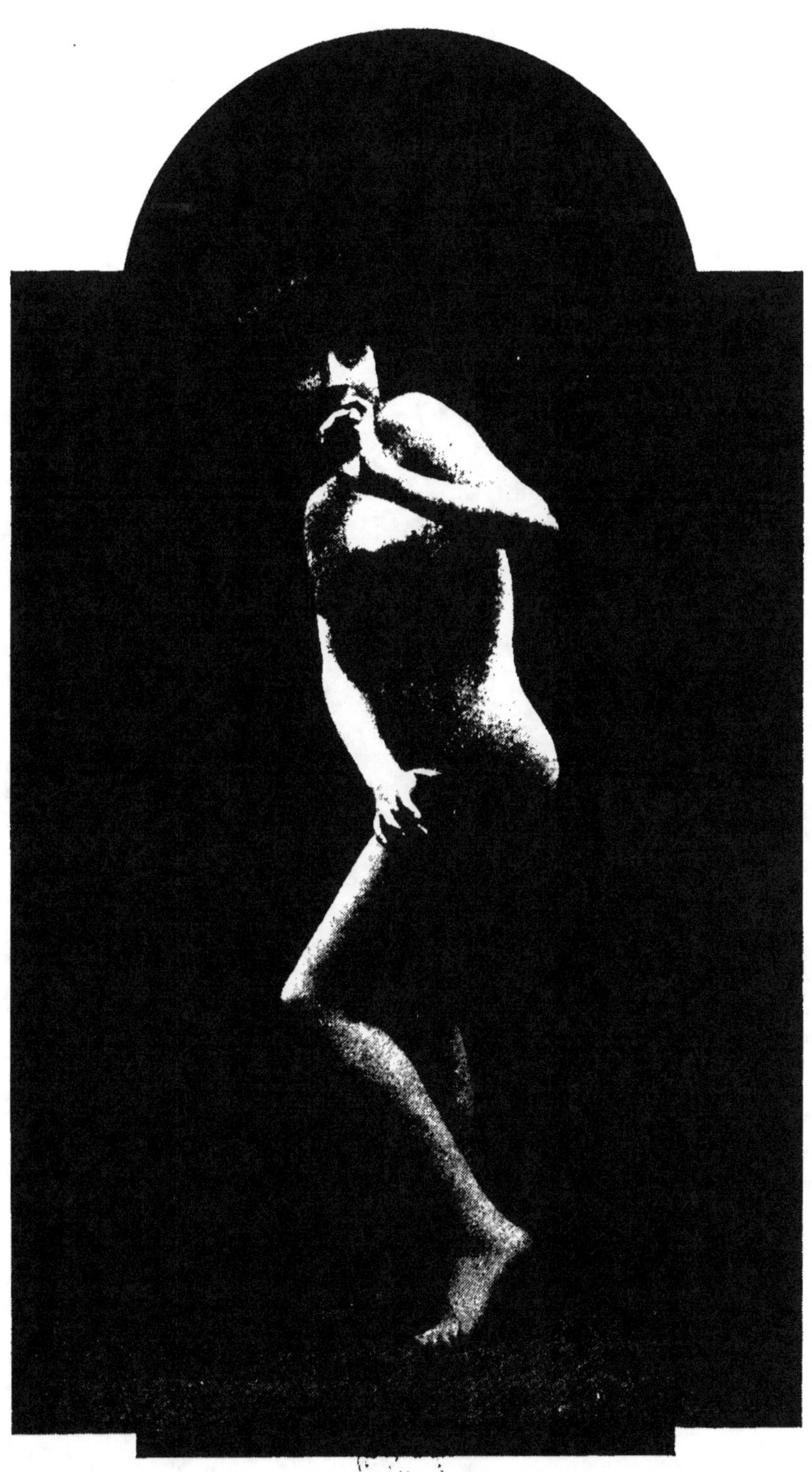

La pudeur résultant d'une émotion...

couchés sur des lits, ils envisagent une Vénus toute nue et ils prennent plaisir à regarder un *aigle* qui vient trouver *Léda*, comme si cet oiseau était amoureux des femmes. » (Ici l'écrivain feint l'ignorance, sans doute, puisqu'au lieu d'un cygne il écrit : un aigle !)

Ils font graver, poursuit Clément, ces images dans le chaton de leurs anneaux ce qui convient parfaitement à l'impureté de Jupiter qu'elles représentent.

Mais là ne s'arrêtent pas les méfaits imputables à l'art, paraît-il, puisque nous lisons dans le prophète Ezéchiel, qu'Ooliba devint amoureuse des capitaines chaldéens qu'elle vit peints sur une muraille avec des épées à leurs côtés et des tiares de diverses couleurs posées sur leurs têtes. Au point, qu'elle les fît venir de leurs pays et qu' « ensuite elle assouvit avec eux sa brutale passion ».

Valère Maxime ne rapporte-t-il pas aussi qu'un homme fut si fort transporté d'amour pour une belle statue de Vénus que Praxitèle avait placée dans le temple des Gnidiens qu'il ne put s'empêcher de l'embrasser d'une manière impudique; qu'un cheval fut contraint de hennir en voyant un tableau qui représentait une cavale, de même un chien aboya en voyant le dessin d'une chienne et qu'enfin, un taureau fut pris d'amour à l'égard d'une vache d'airain qui se trouvait à Syracuse !

Il serait oiseux de poursuivre ces exemples austères et d'alarme un peu vaine, mieux vaut prendre le juste milieu de la répression lorsque celle-ci, nous l'avons dit, dépasse les bornes de la mauvaise qualité d'art.

Malheureusement, la répression en matière d'œuvres artistiques, ou soi-disant telles, s'exerce au hasard de l'humeur de nos censeurs et fort souvent des pages charmantes, seulement gauloises, vinrent rejoindre au panier d'infamie, d'abominables divagations.

On dirait qu'il manque en haut lieu, le discernement large et pondéré — milieu entre la vertu exagérée et le vice craintif — essentiel au juge dont l'âme doit être miséricordieuse à l'égard des affligés.

Notre esprit ne pardonne guère, au surplus, à cette rigueur morale, toujours un peu ridicule, mais certainement nécessaire, à condition de s'exercer intelligemment avec un geste humain et non saint.

M. le sénateur Bérenger s'est appliqué avec conscience à l'épuration morale des œuvres de plume et de crayon et, puisqu'il mérita l'épithète irrévérencieuse de « Père la Pudeur », nous ne devions pas l'oublier dans ces lignes.

Pour les uns, M. Bérenger pourrait être comparé à l' « indiscret » qui trouble le tête-à-tête précédemment exprimé, repu d'une luxure dont il goûte le charme du premier abord, le démêlant là, même à l'insu du dessinateur, de l'écrivain, petits saints, naïfs et si contrits ! puis tout à coup rentrant en fureur premièrement contre lui-même, car il est vertueux, et ensuite à cause de la société qu'il protège au nom de la morale.

Pour les autres, M. Bérenger serait un échenilleur béni par l'hypocrisie bourgeoise dont il sauvegarde l'esprit étroit, les convenances ridicules, tous les préjugés des temps anciens amoncelés en croûte vénérable.

Aristote en sa politique et Platon en sa République durent se partager également les applaudissements et les huées du public lorsqu'ils défendirent et condamnèrent à leur époque, les images deshonnêtes ou considérées comme telles.

Mais généralement, pour en revenir à l'œuvre de l'honorable sénateur, sa vocation peut-être, rencontrerait meilleure estime si elle ne s'était évertuée souvent à tort. Qu'adviendrait-il, par exemple, de l'exclusive morale ? Ce serait la mort de la fantaisie, de la spirituelle licence française et nous préférons l'essor délicat et adorable des belles jambes, des seins en fleurs, des croupes roses, joliment représentés, à l'odieuse charpente d'une laide anatomie pudiquement enfermée en de chastes culottes ! car la laideur serait plutôt l'image du vice.

C'était l'écueil, nous le répétons, de la sanction vertueuse qui ignore un commencement et ne connaît point de fin.

CHAPITRE IX

LA PUDEUR CHEZ LES ANIMAUX

> « La pudeur est très analogue
> à cette crainte qui porte l'oi-
> seau à fuir même les caresses
> qui sont pour lui un froisse-
> ment. »
>
> GUYAU.

A défaut de stricte vérité scientifique, nous citerons en tête de ce chapitre, pour sa poésie charmante, la légende bretonne qui chante la pureté incomparable de l'hermine.

Il paraît, d'après la légende, que cette bête immaculée au moral comme au physique, traquée par le chasseur, préfère mourir plutôt que de maculer son pelage neigeux en traversant le marécage libérateur.

Le « plus blanche que la blanche hermine » de Raoul de Nangis (*Les Huguenots*) ne serait-il donc qu'une superfétation ?

Le cygne, l'oie blanche, ignorent, il faut l'avouer, cette délicatesse ; les souillures glissent mieux aussi sur leurs plumes, et, n'était l'air hautain à cause du long cou, l'âme de ces volatiles serait plutôt vulgaire.

Mais la fierté du paon et la virginale attitude de l'hermine ne sont pas éloignées d'une certaine pudeur instinctive.

On constate, non sans surprise, que le sentiment de la pudeur chez l'animal, est loin d'être subordonné à son intelligence et même, il est piquant d'en noter l'absence totale chez notre ancêtre : le singe.

Le singe en effet, qui selon l'expression pittoresque de M. Octave Feuillet « ferait rougir une pelle », offre le spectacle vivant de l'impudeur cynique.

Ainsi donc, par une malice singulière, l'intelligent quadrumane, perversement se sépare de l'homme avec des gestes inconvenants, il semble une de ces glaces déformantes où l'homme se regarde à la fois honteux et charmé de se voir un instant si laid !

Le gros rire de la foule qui se presse autour de la cage des singes ne dit point autre chose, seule, la délicatesse oserait s'éloigner de tels acteurs, d'autant plus excités dans leur dévergondage qu'ils sentent avec quelle complaisance grossière on les contemple !

L'étrange obscénité chez cet animal, d'intellect supérieur, ne dérive-t-elle point de son incorrigible malpropreté ?

Voyez combien les sentiments bas hantent de préférence les âmes basses !

Toujours est-il, que voilà chez un animal anthropoïde, une perversion étrange du sentiment le plus humain. On dirait qu'il se venge ainsi de son incomplète ressemblance avec nous, poussant la violence de son impudeur, jusqu'à se livrer à l'onanisme *coram populo*, se dégradant lui-même comme pour dégringoler semble-t-il, encore davantage, dépité, les échelons qui nous séparent de lui!

On lit pourtant, dans le Voyage aux Indes Occidentales d'Henri Grose que deux orangs-outangs donnés à M. Horne, gouverneur de Bombay, ne pouvaient souffrir qu'on les regardât avec trop de curiosité et cachaient de leurs mains les parties que la modestie défend de montrer.

Observation analogue enregistrée par M. Relian, chirurgien à Batavia sur deux orangs-outangs mâle et femelle. « Ils étaient dit-il, tout honteux quand on les fixait trop. Alors la femelle se jetait dans les bras du mâle et se cachait le visage dans son sein, ce qui faisait un spectacle vraiment touchant. »

Mais, cette délicatesse chez le singe est bien exceptionnelle, l'orang-outang, au reste, si homme, par la taille même, se devait de nous ressembler un peu.

Le chien hélas n'est guère plus pudique et nous lisons à regret dans l'âme de notre fidèle ami, des sentiments de dévergondage (moindres que ceux du singe pourtant, à cause de sa propreté instinctive) fort contristants.

Le chien, en effet (est-ce par ignorance de l'hypocrisie encore, qu'il méconnut l'élémentaire pudeur ?) s'affiche sans vergogne, dans les plus avilissantes postures !

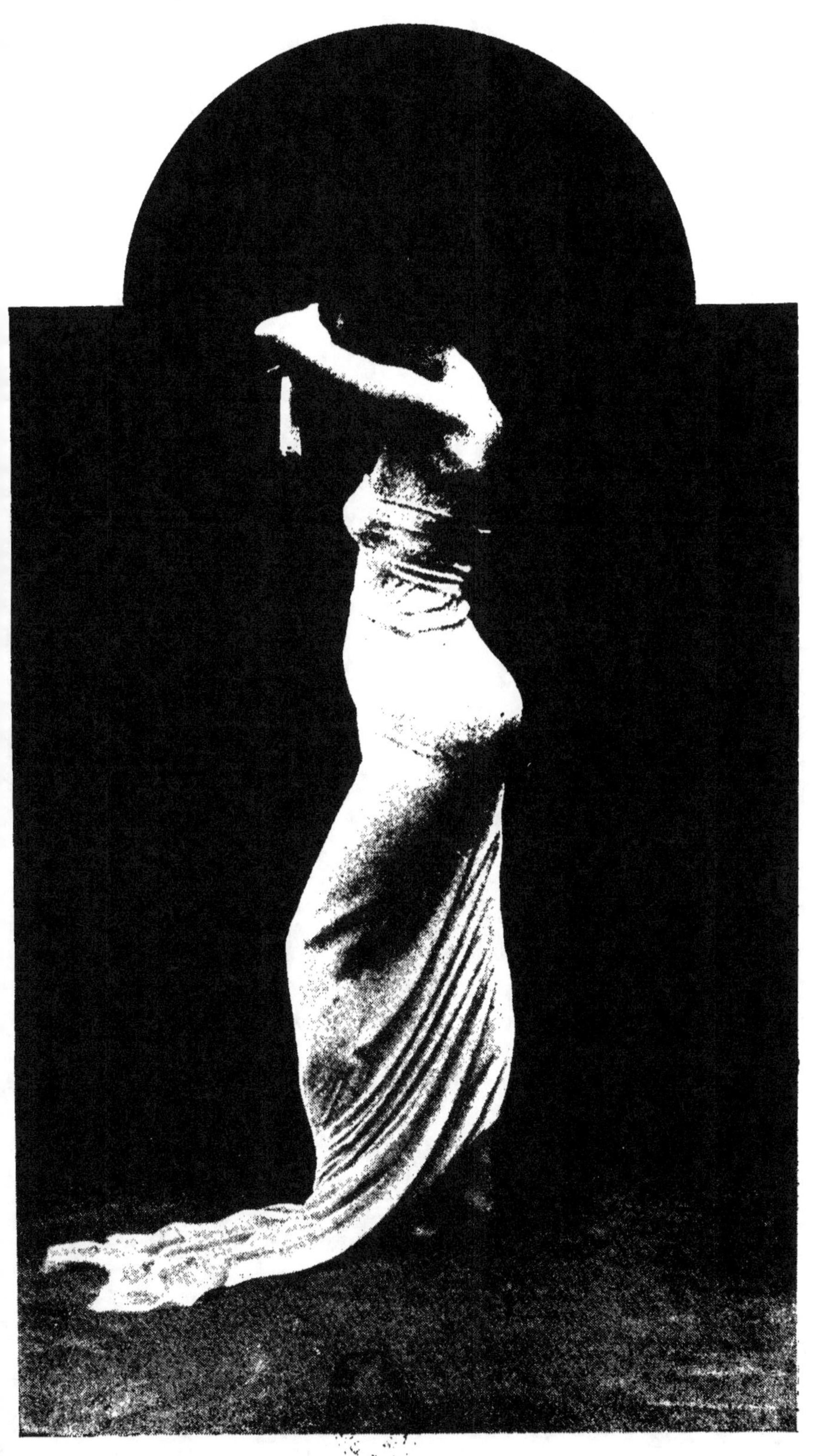

La pudeur un instant cachée reparaît...

Et comment à ce propos résister au plaisir de citer M. Pierre Loti : la scène est intitulée : *Rencontre de chiens.*

« Un affreux roquet, de mine sale et com« mune aux prises avec les inéluctables exi« gences de son animalité, avait pour y satis« faire, choisi le centre d'une place, les « abords les plus en vue d'un kiosque à mu« sique : les chiens, nul n'en ignore se plai« sent à faire pompeusement ces choses qui « leur semblent de tout premier ordre, et « ils s'y intéressent passionnément entre eux.

« Mais, par suite d'on ne sait quel incident « pathologique, l'acte commencé ne s'ache« vait point et il restait là, cet imbécile, au « beau milieu de la place, dans une pose à la « fois gênée et pontifiante, attendant la suite « de l'inspiration, les yeux levés au ciel.

« Un autre chien de plus grande taille, pas« sait bon train dans une rue voisine, comme « se rendant à quelque urgente affaire ; il « aperçut le premier et soudainement captivé « par la situation, changea de route, s'appro« cha de lui avec hâte et importance et exa« mina en connaisseur, du flair autant que

« du regard, ce cas insoluble, puis dédai-
« gneux à la réflexion, avec un air de dire :
« l'intérêt languit et demeure vraiment en
« suspens, leva la patte contre son camarade,
« l'arrosa rapidement et reprit sa course avec
« la même dignité, de l'allure de quelqu'un
« qui a conscience d'avoir accompli un gros
« devoir social.

« Je n'ai pas la prétention que cette petite
« histoire soit inattaquable au point de vue
« de l'élégance de l'intrigue, mais je la
« trouve tout à *fait chien*, tout à fait *cela*.
« Elle est même d'une haute psychologie,
« parce que, malgré sa simplicité d'action,
« elle suffit à mettre en lumière les deux
« traits principaux de l'âme canine : une
« importance bouffonne jointe à des goûts
« d'une irrémédiable bassesse. »

Pierre Loti est dur pour le chien qui, heureusement, possède des qualités propres à
nous le faire aimer malgré sa lubricité, il nous
faut lui pardonner encore, en faveur de ses
yeux si humains, d'autant que la chienne elle,
est relativement décente, elle se défend longtemps contre les attaques du mâle et ne paraît

guère céder qu'à la lassitude ; peut-être même par un raffinement de coquetterie ?

Il est vrai, que lorsqu'elle s'est laissé prendre une fois à l'amour, il semble qu'elle y retourne très volontiers.

Toutefois, sans vouloir diminuer la presque vertu de la chienne, nous devons dire que dans l'espèce animale il en est de même que chez nous, le mâle s'indique évidemment (pour les mêmes raisons que l'homme) beaucoup plus impudique que la femelle, parce qu'il est nécessairement plus entreprenant, d'après ses fonctions mêmes, d'initiateur naturel « ... la femelle a toujours été quelque peu en danger auprès du mâle, généralement plus fort : l'amour était non seulement une crise, mais un risque ; il fallait donc adoucir l'amoureux avant de se livrer à lui, le séduire avant de le satisfaire ». (Guyau, l'*Irréligion de l'Avenir*.)

Chez quelques animaux, même, la femelle semble se refuser au moment où elle se donne...

D'autre part, pour en revenir au chien, nombre d'exemples nous montrent certains chiens timides qui ne se décidèrent à couvrir une chienne, malgré l'évidence de leur désir, que lorsqu'on les eut tous deux enfermés.

Ce dernier trait de pudeur absolue, ne suffirait-il pas à réhabiliter la gent canine ?

Nous verrons cependant que le chat, dont la propreté est particulièrement exemplaire, offre un modèle de plus parfaite vertu, de même que la poule qui se cache pour pondre et ne saurait couver sous des regards indiscrets.

Si nous remontons aux animaux sauvages, nous observons qu'ils se dérobent à la vue généralement, pour satisfaire leurs besoins naturels.

On a remarqué que les oiseaux de proie même se cachent pour boire, c'est qu'obligés de plonger la tête dans l'eau, ils sont sans défense à ce moment.

C'est le même sentiment « qui fait chercher à tout animal souffrant la retraite et les lieux déserts, afin qu'il souffre et meure en paix hors des atteintes qu'il ne peut plus repousser ».

En but qu'ils sont à des ennemis sans nombre, ils préfèrent n'être point surpris en fâcheuse posture, surtout les espèces monogames, c'est le commencement de la pudeur.

Mais il apparaît néanmoins, qu'un étalon au milieu de son troupeau de cavales sauvages, de même que les buffles, les antilopes, etc. ne craignent pas de s'accoupler au grand air sans se soucier nullement du qu'en dira-t-on.

L'animal, au reste, ne possède pas de vêtements pour voiler sa nudité, mais ses organes sexuels sont protégés par la queue et souvent chez le mâle, ils se tiennent enfermés dans un repli de la peau (fourreau chez le cheval), la nature ici, se montra admirablement indicative de la chasteté initiale.

Chose étrange, il apparaît que la Pudeur qui semble un fruit de la civilisation chez l'homme, cesse d'exister chez les animaux que nous avons associés à cette civilisation ; après la scandaleuse attitude du singe nous vîmes le chien étaler au grand jour sa lubricité, examinons maintenant le chat.

Celui-ci, demeuré à demi sauvage, attend

14.

la nuit pour se livrer à la copulation. Il cache avec soin ses ordures et recherche pour satisfaire ses besoins naturels, les endroits sombres et écartés.

Mais, c'est peut-être le seul de nos animaux domestiques qui agisse ainsi, précisément parce qu'il n'est qu'apprivoisé et non domestiqué, dans le sens propre du mot.

Il y aurait beaucoup à dire sur le chat, petit animal fier et peu disposé à se montrer en situation ridicule et, la raison pour laquelle il dissimule ses ordures, serait davantage qu'une préoccupation de pudeur, le désir d'en masquer l'odeur révélatrice de sa présence, à ses ennemis et surtout à ses victimes.

Non, le chat, avec ses yeux d'or dilatés sur quelque rêve immense, ne devait point faillir à la poésie mystérieuse qui se dégage de sa placide hypocrisie, admirez combien il sut habilement donner le change à la pudeur ! Non, le chat, animal digne et important ne pouvait baisser les yeux sous le fardeau de quelque honte avouée…, malheureusement, on ne saurait en dire autant de la vertu des chattes dont la franchise, en amour toutefois, serait au moins déplacée.

On sait, en effet, que ce sont toujours les chattes qui provoquent les matous, tandis que ceux-ci regardent les avances d'un œil en apparence, indifférent.

Pour en revenir aux formes de la pudeur chez les animaux, voici les oiseaux qui ne sortent du cloaque qu'au moment même de l'accouplement et les carnassiers prudemment cachés dans leurs cavernes au fond des bois.

Quant aux éléphants, ceux-ci passent à tort ou à raison, pour des êtres extrêmement chastes !

Qui se douterait d'un aussi délicat sentiment renfermé sous une aussi massive enveloppe !

Or, M. de Buffon prétend que ces animaux, grâce à leur vertu farouche, ne se reproduisent pas en captivité, — l'état de domesticité leur imposerait une digne continence !

L'opinion du célèbre naturaliste paraît cependant quelque peu erronée, car les Indiens se servent précisément des femelles domestiques pour attirer les mâles sauvages et, c'est un spectacle curieux, dit-on, de voir avec quelle lascivité ces femelles, nouvelles Dalilas, cherchent à entraîner par leurs caresses les éléphants sans défiance, dans le piège qui leur a été préparé.

Il n'en est pas moins vrai, que pendant fort longtemps on ignora comment se produisait l'accouplement de ces animaux.

Un voyageur réussit, pourtant, à surprendre un groupe amoureux de ces gigantesques pachydermes, sans qu'il eût à noter rien de particulièrement intéressant sur cette étreinte peu banale, hormis les préambules d'une pudeur étonnante.

Effectivement, les éléphants déambulent ordinairement par bandes, mâles et femelles mêlés, lorsque ces dernières sont en rut — puis, peu à peu, des groupes se forment qui disparaissent mystérieusement au plus profond de la forêt — cachant ainsi leur gigantesque enlacement, selon les coutumes du meilleur monde.

Malheureusement d'autres voyageurs auraient vu, non plus dans l'Inde mais en Afrique, des exemples très contradictoires de ces mœurs étrangement civilisées.

Pour les uns, l'éléphant serait ni plus ni moins que nous encore, monogame ; pour les autres il s'afficherait au contraire, très volage et, on le rencontrerait plutôt seul de son sexe, a la tête d'un troupeau tout entier !

Jusqu'à plus ample informé, laissons donc au gros animal — quand cela ne serait que pour l'amusant contraste — sa réputation de pudeur phénoménale et constatons, une fois de plus, que toute opinion est discutable, d'autant qu'elle varie certainement selon les individus.

Dans tous les cas, si l'éléphant est monogame, il nous faudrait sincèrement plaindre sa vertu éprouvée, car, la femelle de celui-ci, portant vingt mois et allaitant durant deux années, la durée de son jeûne d'amour serait de trois printemps !

Un autre exemple intéressant de pudeur nous est offert par le chameau qui, malgré sa tendresse éclairée, cache discrètement ses « baisers » dans les endroits les plus retirés.

Les méchantes langues prétendent que

l'acte d'amour, peu aisé, par suite d'une disposition physique malencontreuse, pourrait
bien être la cause de pareille honte chez cet
animal, qui se rattrappe, il est vrai, avanta-
geusement, sur la durée de son accouplement.

Pour terminer citons encore chez le cheval
une retenue singulière — imputable sans
doute aussi, à la Pudeur — souvent le noble
animal attendra-t-il pour uriner, que celui qui
le conduit, l'incite à ce besoin naturel — par
des sifflements.

« Où a-t-on pris s'écrie aussi Jean-Jacques Rousseau que l'instinct ne produit jamais
chez les animaux des effets semblables à ceux
que la honte produit parmi les hommes ? Je
vois tous les jours des preuves du contraire.
J'en vois se cacher dans certains besoins, pour
dérober aux sens un objet de dégoût; je les
vois ensuite, au lieu de fuir, s'empresser de
couvrir les vestiges. Que manque-t-il à ces
soins pour avoir un air de décence et d'honnêteté, sinon n'être pris par des hommes ?
Dans leurs amours je vois des caprices, des
choix, des refus concertés qui tiennent de bien

près à la maxime d'irriter les passions par des obstacles. A l'instant même où j'écris ceci, j'ai sous les yeux un exemple qui le confirme. Deux jeunes pigeons dans l'heureux temps de leurs premières amours m'offrent un tableau bien différent de la sotte brutalité que leur prêtent nos prétendus sages. La blanche colombe va suivant pas à pas son bien-aimé, et prend chasse elle-même aussitôt qu'il se retourne. Reste-t-il dans l'inaction, de légers coups de bec le réveillent : s'il se retire, on le poursuit ; s'il se défend, un petit vol de six pas l'attire encore : l'innocence de la nature ménage les agaceries et la molle résistance avec un art qu'aurait à peine la plus habile coquette. Non, la folâtre Galatée ne faisait pas mieux, et Virgile eût pu tirer d'un colombier l'une de ses plus charmantes images.

Somme toutes, il en est des bêtes comme des gens, on ne saurait conclure par des généralités, en matière de sentiment, et il ne nous déplaît pas de dénicher derrière tel groin, tel museau ou telle... trompe, l'éclair d'une délicatesse d'âme qu'affirment à ne s'y point méprendre, des yeux si purs, si humains, si proches des nôtres, enfin !

Et puis, à tout prendre, qui saurait dire ce que pensent les animaux de nos propres embrassements, éclos sous leurs yeux d'apparence impassibles ? Qui sait si l'âme des bêtes n'est pas blessée de notre soi-disant pudeur, dans leur ignorance avantageuse, des luxuriants déshabillés.

Toujours peuvent-ils constater encore, les animaux, que nous nous aimons, en leur présence, sans nous cacher comme eux au fond des bois et cela doit sans doute leur apparaître fort indécent.

FIN

Paris. — Imp. P. Mouillot, 13, quai Voltaire. — 10933.